掌尚文化

Culture is Future

尚文化·掌天下

国家金融与发展实验室
National Institution for Finance & Development

胡志浩

著

财政政策和货币政策协调配合

基于国债管理及国债收益率曲线建设的视角

COORDINATION BETWEEN FISCAL AND MONETARY POLICIES

Based on the Perspective of Treasury Bond Management
and Construction of Treasury Yield Curve

经济管理出版社
ECONOMY & MANAGEMENT PUBLISHING HOUSE

序：财政政策与货币政策
协调配合是篇大文章

从"十二五"规划开始，"加强财政、货币等各项政策协调配合"作为改革目标，便频频出现在我国各类经济和金融改革的文件之中。在规划未来五年改革和发展战略的党的二十大报告中，更凝练出"健全宏观经济治理体系，发挥国家发展规划的战略导向作用，加强财政政策和货币政策协调配合"的总纲，使之成为我国进一步深化宏观调控体系改革的头号任务。

财政政策和货币政策协调配合问题被反复提及，直至在整个宏观治理体系建设和改革措施中位居首位，固然充分彰显了它的极端重要性及其受重视程度，但同时也不无遗憾地暗示我们：无论在理论上还是在实践上，对这个事关宏观调控综合效力和质量的关键问题，我们的探讨和研究都还远远不够，以至于不得不反复提醒，一再强调——事实上，在理论研究方面，近年来有分量的成果十分鲜见；在实践上，主管两大政策体系的宏观当局似乎对于关涉双方的共同问题不易达成一致意见。

这种状况当然亟须改变，否则中国宏观调控的整体效力难以发挥，国民经济运行的质量也很难提高。正因为如此，当胡志浩博士将他的新著《财政政策和货币政策协调配合》（以下简称《财金配合》）送到我手中时，我颇有些"终于有人研究了"的欣喜。他邀我作序，我慨然应允。

一

志浩博士在读书期间受到了严格且系统的统计学、计量经济学、宏观经济学和金融学的专业训练，这使他具有一个做金融经济学问的突出特点，就是对于各类指标、科目、账户、平衡表以及它们相互关联和对应关系的把握能力非常突出。这方面的良好训练，使他在研究复杂的经济和金融问题时，常常能揭开面纱、直抵本源，找出联系，从而得出很多出人意料的结论。他在 2008 年对于美联储推出的多国货币互换网络的分析就凸显了这方面的优长。如所周知，在 2007 ~ 2008 年全球金融危机中，为了救助迅速蔓延的危机，美联储很快便与欧洲央行、日本银行等 14 个国家和地区的央行签署了互换协议。当时学术界的普遍评论，都认为这是美国的"故技"，无非只是欲"挟互换之力，巩固并进一步发展美元的领地。"但是，志浩在 2009 年的一篇智库报告中却尖锐地指出："随着危机的深入，随着美元为核心的国际货币体系的内在矛盾一再暴露，货币互换不再总是复制'美元荒'和美元借机恢复失地的老故事了。2009 年 4 月 6 日，美联储与英国央行、欧洲央行、日本央行和瑞士央行联合宣布了一项新的货币互换协议。协议称，这 4 家央行将分别为美联储提供最高达 300 亿英镑、800 亿欧元、10 万亿日元和 400 亿瑞士法郎的本币流动性。这意味着，从那时开始，除了美联储可以经由他国货币当局向他国金融体系注入美元，其他 4 家央行反转过来也能通过美联储向美国金融体系注入英镑、欧元、日元和瑞士法郎。这一协议，不仅改变了以取得美元为目的的单向货币互换传统，历史性地使各国央行间的'互换'交易名实相符，而且，它使主要发达经济体的货币供给机制内在地连为一体了。鉴于新的货币互换网络将中国排除在外，这将对中国的崛起和人民币国际化产生巨大的负面影响。"应当说，透过货币互换，看出几个主要国家和地区央行之间可能出现的高度复杂的资金往来关系，以及这种互换对于国际金融体系未来发展的深刻影响及对中国的不利影响，眼光是相当敏锐的。

从博士生起，志浩的研究领域主要集中于美国的金融制度和国际金融方面。为了系统而不是支离破碎、全面而不是偏于一隅地了解这个世界上影响力最大的国家，理解该国的经济和货币政策的理论体系、制度框架、机制设计以及操作过程，他花了好几年的功夫，认真研读了大量的外文文献，特别是系统研读了美联储、美国财政部的"工作论文""金融和经济学讨论系列""国际金融讨论报告"，以及这些机构高级官员的讲话和证词等，从而对美国的经济和货币政策有了切近和与时俱进的认知。而且，随着研究的深入，他的研读范围自然延伸到 BIS、IMF，乃至英格兰银行、欧洲央行和日本银行等与美国关系密切且同样对全球经济金融运行产生重要影响的机构的文献系统之中——在我看来，熟习这些发达国家和国际金融机构的政策分析文献资料，而不是仅仅研读教科书和专著，方可系统把握这些国家和国际金融市场的变化，紧跟经济金融理论的最新发展，深刻理解宏观调控机制的调整和政策的嬗变，从而做出与时俱进、切合实际的判断。将这些国际上的新变化不断地与中国的理论和实践进行比较分析，我们对中国进一步发展的改革建议才不致沦为虚空。

基于扎实的国际文献功底，志浩担纲成立了"全球经济与金融研究中心"，从 2018 年开始，该中心按月推出国际金融市场分析报告。其分析之深入、资料之详实、更新之及时，为学界称道。正是基于这些深入的研究，他得出了若干令学界高度关注的新观察和新结论。例如，《财金配合》就明确指出："在当下高度发达的金融市场与日益复杂的金融结构下，国债的货币属性甚至已经超越了由商业银行创造的货币，开始成为与基础货币并驾齐驱的流动性基础。同时，国债收益率曲线作为金融市场定价的重要基准，事实上已成为了宏观政策传导机制的核心组成部分……让国债成为货币当局资产端关键的信用压舱石，能使让本国国债与货币的国际化相辅相成，通过高流动性的国债市场来强化本国货币在全球经济和金融中的国际地位。在信用货币制度下，财政与货币两大政策共同创造信用，这其中国债势必发挥其核心纽带作用。"这些研究，一定会对我国构造财政货币协调配合的新机制，对于提高我国宏观调控的质量做出积极的贡献。我十分欣赏志浩的这一类研究。我以为，从国债市场作为流动性主要来源这一事实出发，我们可以将赤字、债务、国库现金管理，流动性管理、货币供给、利率走势、货币政策实施，乃至国际金融市场等领域的最新发展同炉熔炼，找到一套能有效解释当今世界宏观经济运行新现象的分析框架。

近年来，志浩的研究拓展到国债市场以及财政政策和货币政策协调配合方面。值得一提的是，他在这一领域的拓展并非只是"多看点书"，而是以问题为导向，深入这些领域的实践之中。近年来，他持续不断地承接中国国债登记公司的研究项目；作为财政部"财政风险专家小组"的主要成员，他深度参与财政部关于财政风险监测分析的工作；他经常承接货币当局和监管当局关于货币政策和宏观经济运行分析的课题。这些来自财政、金融主管部门的研究项目，提供了大量实地调研的机会，使他得以切实接触金融运行的真实状况，掌握大量第一手资料，从而能够跟踪这些领域的最新动态。所有这些，都为他完成这部非有财政、金融、宏观经济的综合知识和全面眼光便很难完成的专著奠定了雄厚的基础。

二

《财金配合》的贡献之一，是勾画了研究这一问题相对完整的分析框架。

全书共分五章。在一个分量很重的"导论"之后，《财金配合》顺次探讨了理论框架和国际经验，为全书的研究奠定了基础。第三、第四章分别从历史进程和实证分析的角度，对我国财政政策和货币政策配合的状况进行了深入分析，并同美国进行了比较。最后，全书用很大的篇幅，探讨了在我国加强两大宏观政策体系协调配合的体制、机制和技术细节。

各个章节都有可圈可点的亮点，而第四章——关于我国财政政策和货币政策协调配合的实证分析，以及第五章——对改革的展望，尤其值得细细研读。

在第四章中，《财金配合》构造了一个方法体系，用以评估财政政策的状态（Markov - Swithing，MS）及两大政策体系配合的效果（VAR 模型）。在分别界定了主动型、被动型财政政策以及主动型和被动型货币政策之后，本书得出如下主要结论：

从整个样本区间来看（共 121 个季度样本数据，识别出 120 个季度的政策状态），主动型财政政策的占比为 81/120 = 67.5%，被动型财政政策的占比为 39/120 = 32.5%；主动型货币政策的占比为 22/104 =

21.15%，被动型货币政策的占比为 82/104＝78.85%。同时，在货币政策和财政政策共同的样本区间内，主动型财政/主动型货币占比为 17/104＝16.35%；主动型财政/被动型货币占比为 48/104＝46.15%；被动型财政/主动型货币占比为 5/104＝4.81%；被动型财政/被动型货币占比为 34/104＝32.69%。整个样本区间以主动型财政/被动型货币占比最高。这意味着中国近三十年来的宏观调控，更多地处于对债务不敏感、对通胀容忍度较高的状态。这实际上是经济高速增长过程中通常会出现的情况。

从政策状态转移的时间节点来看，货币政策和财政政策状态转移的时间节点通常并不一致。财政政策调控机制惯性更强，更倾向于保持原有状态，而货币政策状态转换则更加灵活。自 1992 年以来，财政政策状态只在 2012 年第三季度调整过一次，由主动型转为被动型。但自 1996 年以来，货币政策前后调整了高达 12 次之多，说明货币政策调整的灵活度明显更强。

以上分析对于我们评价过去的财政货币政策当然是有价值的，但是，我的注意力更关注未来——依托这一框架来分析，未来中国宏观政策可能出现怎样的态势？对此，《财金配合》如下的一段分析值得玩味："2012 年之前，我国经济增速长期超越债务成本增速，政府债务率处于较低水平，债务负担微不足道。根据预算平衡式，在保持政府负债率稳定的同时，我国政府具有较大的财政赤字空间。因此，长期以来我国财政政策规则基本以促进经济增长为目标，政府稳债务的压力较小。党的十八大以来，我国经济面临'三期叠加'的新形势，为了刺激经济，政府负债率开始加速上行，中央政府审时度势进行战略调整，稳债务逐渐上升为财政政策的重要目标。相应地，财政政策由主动转换为被动，并一直持续至今。而货币政策则跟随经济周期变化调整，由被动转为主动的时间节点基本处于经济过热导致的通胀飙升的时期，或是经济衰退引起的通胀急剧下行阶段。"根据这里的分析，未来我国的两大政策体系呈现被动状态的可能性较大。于是，面对经济不断下行的趋势，改变这种状态便成为当务之急。

三

恰如《财金配合》所指出的那样，为赤字融资，无疑将成为今后我国财政政策最重要的任务之一。鉴于赤字融资又是一个金融问题，因而，在保证金融安全和物价稳定的同时便利赤字融资，就成为我国制定和实施货币金融政策必须考虑的关键要素。这也意味着，今后一个相当长时间内，财政和货币金融政策协调配合的主要领域，将集中于政府赤字和债务管理方面；建立有效的国债管理制度，便成为当务之急。我想，《财金配合》选择国债管理作为自己的副标题，用意正在这里。

政府进入金融市场融资，当然会对金融市场运行和货币政策实施产生多方面影响。为全面分析并把控这些影响的路径、性质和规模，我们须条分缕析财政赤字的弥补途径及其货币影响。

以政府债券购买对象来区分，政府弥补财政赤字的方式，不外如下五种，其货币影响也各不相同：

第一，非金融企业和居民户购买。这种交易的实质，是现已投入流通的货币在不同经济主体之间有条件地转移，其对于货币供给存量的影响可以视为中性。

第二，中央银行直接购买（一级市场）。交易的结果是基础货币增加，经由货币供给乘数的作用，货币供给将呈倍数增加，利率水平则有下降的压力。

第三，央行在二级市场上购买业已上市流通的政府债券。其货币供给效应和利率效应与直接购债相同。但是，与第二种方式相比，此时央行的购买是全然自主的，货币政策的独立性不会受到影响。

第四，商业银行和其他金融机构购买。这种交易的货币效果，与这些机构向一般工商户发放贷款相同，政府债务被等额货币化了。

第五，国外购买。在我国现行的外汇管理制度下，这种交易的影响等价于央行在国内直接购买，只不过，此时货币供应增加的压力是国外"输入"的，同时，人民币汇率则会感受到升值动力。

进一步概括上述分析，可有三个结论：

其一，只要具备货币创造能力的机构（主要是央行、商业银行和其他金融机构）购买了国债，债务的货币化就现实地发生了。就是说，以上所列五种情况，唯有第一种与货币创造机制无关。可见，国债货币化并非新鲜事。

其二，如果央行不承担直接购买政府新发行债券的责任，则政府赤字筹资对货币政策的不利冲击是可以避免的。《中国人民银行法》规定："中国人民银行不得对政府财政透支，不得直接认购、包销国债和其他政府债券。"这就从法律上为我们设置了保证货币政策独立性的"防火墙"。

其三，政府进行赤字融资，央行不可能袖手旁观，通常都会通过二级市场交易间接给予支持。但凡购债的规模、期限、时机、交易对手等的选择，均由央行乾纲独断。就是在这个范围内，央行与财政存在着相当大的协商空间；所谓财政政策和货币政策协调配合，关键就在这里。

为了更清楚地理解政府债券的发行和交易对货币政策的影响，我们还须从央行政策操作的角度作进一步分析。

在现代信用制度下，货币投放是一项金融活动。所以，央行的货币投放行为，最适合在央行的资产负债表中进行讨论。

在央行那里，通行的是资产创造负债的规则，所以，我们可以根据央行买卖资产的不同性质，将其储备货币的发行机制相应概括为央行贷款模式、外汇资产模式和主权信用模式三类。

央行贷款模式的雏形，是 17 世纪产生自英国的"真实票据说"，后屡经变形，分支甚多。其中，以央行贷款要支持工商活动的观点影响最大。央行贷款模式的逻辑看起来无懈可击，但若将之放到经济周期中考量，特别是与央行宏观调控的职责联系起来分析，其弊端立现。关键在于，这一模式在本质上遵循微观经济运行的原则，因而难逃"顺周期"魔咒。因为，在经济上行时，"合格的"票据和"优良的"银行贷款固然俯拾皆是；在经济下行时，这些票据或贷款或者消失，或者其"价值"将遭受严重侵蚀，以这些资产作为货币投放的基础，央行势难履行其"逆周期调控"的职责。对于央行来说，这一缺陷是致命的。

实行外汇资产模式的经济体多为发展中国家和小型开放经济体。这些国家内在缺乏适当的资产来支撑其货币之价值，于是，便只能借助他国的强势货币来为本国提供"货币锚"。然而，以外汇资产支撑本国货币制度，毫无疑问会使本国货币制度强烈受到国际资本流动、外汇汇率波动等国际金融市场不安定因素的"输入型"影响，更致命的是，被挂钩国的货币政策，无疑问地都会"外溢"，对挂钩国的货币政策和宏观经济运行产生直接影响。

主权信用模式是在 20 世纪 30 年代大萧条时期，被饱受危机之苦的国家被动引入的。当时，央行痛苦地发现，经济的长期萧条，使得各类"私人"的信用工具或堕入违约泥沼，或大幅度贬值，致使央行根本就找不到合适的资产来支撑其货币发行。同时，人们也发现，此时唯有国家（主权）信用维持不堕。于是，转以主权债务为准备发行货币，便成了唯一选择。1932年初，美国国会通过"格拉斯—斯蒂格尔法案"，最终使这一模式登堂入室。自那以后，除非特殊情况，政府债券就一直占美联储资产的85%以上，其他发达经济体的情况也大致类似。

主权信用模式一经采用，其优越性立刻显现。风险低、价格稳、市场大，天生具有"核心金融市场"之品格，自不待言；其无与伦比的市场密度、弹性和深度，更有利于央行实施公开市场操作。这一模式的更深远影响有二：一是政府可以通过发债为支出融资，逐渐弱化其对税收的依赖；二是财政政策与货币政策可以在多个层面相互渗透、互通声气，宏观调控的整体效率大大提高。

总体来看，央行货币发行的三大模式，在经济上都具有合理性。但是，央行贷款模式奉行的是微观准则，基于它实施逆周期调控存在机制性障碍；外汇资产易受国际金融市场影响，为大国所不为；只有主权信用模式，能够使央行获得自主、弹性、独立和有效率的货币操作环境。我们认为，更多地运用主权信用模式来重塑我国货币供给调控模式，应当成为改革的方向。

在结束这一节的分析之时，我想顺便指出：时下很多人对于所谓的"政府债务货币化"耿耿于怀，好像这是多么违背规律、贻害无穷的坏事，这种看法显然是片面的。因为，如果站在国家整体的高度，而不是囿于某个部门的立场，货币和债务都是国家的负债，区别只在于期限上。于是，政府债务的"货币化"，其实质只是用期限较短因而流动性较高的债务（货币），部分替代期限较长因而流动性较差的债务（中长期国债）——如果问题只是同一个国家内不同期限债务的转换，我们有何必要大惊小怪呢？

四

在讨论财政政策和货币政策协调配合问题时，人们的注意力很容易被政府发债、债务市场运作以及央行的债务管理政策所吸引。关注这些问题肯定是应该的，但是，我们的眼界切不可为政府债务管理对货币政策的巨大冲击力遮蔽，因而忽视了两大政策体系之间另一类几乎每天都要发生的相互渗透、彼此影响的关系——国库现金管理。

如所周知，在我国，包括一般公共预算、政府性基金预算、国有资本经营预算和社会保险基金预算在内的"财政四本账"加总的规模大约相当于 GDP 的 40%。不难想见，如此大规模的财政资金通过银行体系和金融市场上解和（或）下拨，流入和（或）流出，必然会对货币政策的实施产生巨大且经常性的影响。2014 年前后，在修改《中华人民共和国预算法》（以下简称《预算法》）的过程中，围绕着央行的功能究竟是"经理"国库还是"代理"国库，学界和立法界曾经展开过极为激烈甚至是动感情的争论，便充分证明了这个问题的极端重要性。最终的结果，央行守住了"经理"国库的职能，而财政部门则依然在国库管理方面发挥着主导作用。尽管争论告一段落，但是围绕国库管理的不同意见却一直存在。《财金配合》的贡献之一，就是在第一章和第五章中都设了专节，讨论这一复杂、重要，但因其淹没在财政资金的日常流动中，因而不为多数人熟悉的大问题。

说到底，国库现金管理通常要实现三个目标：满足日常财政支出需求；保证国库现金存量的合理收益；避免与中央银行货币政策操作产生冲突。为了有效实现这些目标，财政部门和央行需要合理分工、互通信息和协同动作。世界上大多数国家在国库现金管理的制度安排中，财政部负责国库现金管理的主要决策事项，中央银行则管理国库总账户，并提供资金清算等服务。我国 2014 年修订后的《预算法》，确定的也是这种与国际惯例相近的格局。

为了提高效率、减少干扰，各国普遍建立了国库单一账户体系，并实行库底目标余额制度，用于满足当日财政支出需求，同时减少财政存款变动对中央银行流动性管理的冲击。我国自 2001 年开始推行国库单一账户制度，直至 2018 年，方才基本建立了覆盖中央、省、市、县、乡五级政府，近 70 万个预算单位的国库集中支付制度，基本完成了国库制度的集中统一。在这个基础上，我国的国库现金管理方才有效展开。管理体制确定之后，我们才有条件进一步讨论国库现金管理过程中财政政策和货币政策的关系。

研究国库现金管理与货币政策的关系，可以从流量和存量两个视角展开。流量视角讨论的是年度内财政收支对货币供应及利率的影响；存量视角则进入央行资产负债表，分析作为央行基础货币组成部分的国库现金余额的变动对货币政策和利率的影响。显然，流量分析重在短期，存量分析重在长期。

流量视角的分析，实际上讨论的是当年的财政收支引发的货币流通对货币政策的多方面影响。当财政部门向社会公众支付资金时，财政国库存款减少，公众在商业银行的活期或定期存款、其他准货币性质的金融产品增加，而后者是 M1、M2 或其他广义货币的组成部分。如此，财政国库存款与 M1、M2 等货币供给总量呈负向变动关系，反之则相反。然而，在现代金融体系中，公众或非金融的各类机构运用财政资金有多种途径，并不会囿于活期存款、定期存款等商业银行提供的有限的金融产品进行选择，它们或许进入非银行金融机构，或许索性"脱媒"到金融市场之中。这样一些变化，基本上都不包含在一国的货币总量指标中。这样看，财政国库存款变动与传统统计口径的货币总量指标之间只存在较弱的关系。因此，为了充分估量国库运作对货币政策的影响，我们必须如 IMF 和世界银行等国际组织所建议的那样，进一步扩大国库的覆盖范围，把政府的所有金融活动都包括在内。显然，从国库运行角度展开的研究，并不能完全被包含在财政政策和货币政策协调配合的范畴之内，这更增添了这项研究的理论和实践魅力。

质言之，现实中，财政国库库款的任何变动都可能具有货币政策效应：当财政国库库款进入中央银行国库时，遍布金融市场的应税资金回收至央行，这就具有明显的货币紧缩效应；反之，当财政国库库款流出央行国库时，无论以何种方式（消费、投资、购买主权财富基金、存入商业银行等）进入金融市场，无疑都具有扩张性货币金融政策效应。只不过，这种扩张并不必然表现在货币供应量的增加上。换言之，无论是财政部门还是中央银行，只要它们向金融市场、金融机构释放资金，便都具有货币扩张的政策效应，反之则相反。在这个意义上，财政部门和中央银行均为公共货币的管理者。这进一步证明了财政政策和货币政策协调配合的必要性和可能性，而且这种协调和配合必须不断拓展其领域。

综上，在短期内，国库库款的变动是影响货币政策的重要因素。在月度、季度和年度财政国库库款规模变动较大的时点，其对货币政策的影响较大：入库时直接收缩市场流动性，出库时直接扩张市场流动性。国库现金转存商业银行定期存款的操作，在短期具有名义的扩张性货币政策效果，直接增加了市场流动性。这些时点也是央行货币政策，尤其是公开市场操作较为频繁的时点。这是因为央行的基本职责就是让市场流动性合理充裕，减少资金波动，降低利率的波动幅度，对冲财政收支对货币政策的不利冲击。

存量层面分析的入手处是央行的资产负债表。这是因为在央行经理国库的体制下，财政国库库款或政府存款是中央银行资产负债表的重要组成部分，进而便是央行基础货币的重要组成部分。基于此，财政国库库款与货币政策便形成了又一种联系，即央行资产负债表渠道的联系。显然，财政国库库款在央行负债科目的规模大小非常重要。在国库现金管理比较发达的国家，政府通常只在其央行国库账户中保持着最低规模的现金（活期存款）。例如，美国财政部在美联储的存款（TGA 账户）基本上保持在 50 亿美元左右。这样安排，首先是保证货币政策独立操作，不让巨量的财政资金的流动影响货币供给和联邦基金利率的稳定；其次，由于美联储对存款准备金一律不付利息，超出常规需求的财政库款将立即被用于市场投资，以便获取收益。

然而，在央行的库款保持稳定的较低水平，那只是"和平年代"的事，一旦出现如次贷危机和新冠疫情等的突发重大冲击，为了适应变化了的货币政策操作，一切都可能改变。仍以美国为例，次贷危机前，TGA 账户基本保持稳定，长期维持在 50 亿美元左右的水平。

危机后，以上两个维持 TGA 账户稳定低水平的条件均发生了变化。量化宽松从根本上改变了货币政策的操作框架。一是美国的利率调控体系已经依托于准备金存款利率和隔夜逆回购利率，这二者成为美元短端利率走廊的上下限，美联储利率走廊的机制将联邦基金目标利率稳定在利率走廊以内；二是量化宽松之后，市场利率接近为零，财政部没有必要也无从将 TGA 账户的资金投放到市场上去谋求收益。新冠疫情冲击使得量化宽松再次升级，之前的结构依然延续。国债大量发行累积的资金，在支付节奏无法精准匹配的情况下，财政存款于

2020 年三季度最高时突破 1.8 万亿美元。

再一个问题就是，当前，美国短期利率水平已接近 5%，为什么财政部仍然没有动力将资金投放到市场去获取收益？我们认为，现有利率走廊体制下，财政与货币的统账考虑应该是关键——如果财政部将 TGA 账户的钱投向市场，获取收益，最终或者流入准备金账户，或者流入隔夜逆回购账户，而这两个账户最后都需要美联储支付利息。而美联储每年货币政策操作的利润的 90% 都需要上缴财政，如果美联储利息支付出现亏损，财政部则须提供补贴。财政部进行现金管理的收益可能不能完全弥补货币政策操作的亏损，综合考虑下来，对于财政部而言，最终还是"肉烂在锅里"——将多余资金留在 TGA 账户，还有减少多余操作的效率。

在中国，截至 2022 年底，人民银行资产负债表中的政府存款规模为 4.1272 万亿元，占其负债总额的 10.7%，如此之高的比例，显然对央行的资产负债表，进而对中国的货币政策有着不可忽视的影响力。如此看来，提高国库现金管理的效率，即不断降低国库的相对规模，同时，创造多种工具提高库款的收益，是我国国库现金管理的改革方向。

总之，《财金配合》是一部信息量很大的专著，我愿意向读者诸君大力推荐。当然，我更希望说的是：这部书提出了大量需要进一步探讨的问题，希望今后有更多的新研究推出。

李扬

2023 年 5 月

如果将宏观调控视作一位钢琴家，那么财政政策与货币政策就是这位演奏者的左右手。演奏一段流畅优美的旋律，需要左右手的协调配合，越是复杂的旋律，越需要双手的完美配合。在理论层面，凯恩斯于开创宏观经济学之初，就将财政政策与货币政策确立为支撑起这座学术大厦的两根立柱。而在宏观经济学成形之前，现实中的财政政策与货币政策早已自觉或不自觉地开展着各种协调配合。从历史上看，财政与货币之间"犬牙交错"的关系，自从有"国家"这一概念以来就始终无法回避。

两大政策协调配合的必要性与现实意义

在宏观经济学框架下，作为关键的两大调控手段，财政与货币政策之间的协调配合已成为宏观调控的应有之义。由于两大政策的最终目标具有一定的重叠性，例如，促进经济持续稳定增长这一目标，使得政策之间进行协调配合具有了基础和可能性。与此同时，考虑到两大政策在优先目标、传导机制、调控方式，乃至政策时滞等方面存在差异，特别是两大政策的实施都将对对方产生明显的影响，政策之间要求协调配合自然也在情理中。

于中国而言，财政与货币政策协调配合具有极为强烈的现实含义。第一，国内经济进入高质量发展阶段，经济结构转型需要两大政策协调配合。这种配合既体现在应对经济增长转型换挡所带来的增速降低上，又体现在促进经济结构优化的结构性政策引导上。在经济增长失速的情况下，风险集中爆发与巨大的交易成本会令经济结构转型升级无法完成，因此，宏观上保证合理的经济增长速度，是实现最低成本转型的有效路径。同时，虽然经济结构转型应该在市场机制下完成，但仍然离不开宏观调控的积极引导，财政和货币两大政策在总量和结构上应该如何分工，分工之后应该如何协调，这些都是摆在我们眼前的现实问题。第二，国际发展环境的变化已令两大政策协调配合的紧迫性进一步提升。"和平与发展的时代主题没有改变"，但"当前世界百年未有之大变局加速演进，世界进入新的动荡变革期，我国发展进入战略机遇和风险挑战并存、不确定难预料因素增多的时期，必须准备经受风高浪急甚至惊涛骇浪的重大考验"。而应对巨大挑战的一个重要稳定器，就是保持国民经济的总体稳定，这其中，财政政策与货币政策之间的高效协调配合不可或缺。第三，两大政策协调配合是高水平社会主义市场经济体制的有机组成部分，是宏观治理体系进一步完善的内在要求。从"十二五"规划开始，我国就提出：要加强和改善宏观调控，加强财政、货币等各项政策协调配合。党的十八大以来，党中央更是多次提出"加强财政政策与货币政策的协调联动"。党的二十大报告更是明确指出"健全宏观经济治理体系，发挥国家发展规划的战略导向作用，加强财政政策和货币政策协调配合"。由此可见，健全的宏观经济治理体系是高水平社会主义市场经济体制的重要组成部分，而财政政策和货币政策的协调配合正是完善宏观经济治理体系的关键抓手。

为什么选取国债管理这一视角

由于两大政策都涉及国家信用、资金流通等问题，财政与货币之间呈现"犬牙交错"的关系就在所难免，为了从纷繁复杂的问题中理出头绪来，就必须找到两大政策互动的一个关键结合点作为切入点。本书认为，国债管理恰好就是这一关键结合点。现实中，国债兼具财政和金融功能，是财政政策与货币政策互动最为频繁、活跃的领域。一方面，国债是中央政府创造的信用，其与基础货币的国家信用有着相通之处，并且在当下高度发达的金融市场与日益复杂的金融结构下，国债的货币属性甚至已经超越了由商业银行创造的货币，开始成为与基础货币并驾齐驱的流动性基础。同时，国债收益率曲线作为金融市场定价的重要基准，事实上已成为宏观政策传导机制的核心组成部分。另一方面，货币政策的立场和操作也会直接影响赤字（国债）融资的来源与成本。财政与货币的这种复杂关系，在国债问题上体现得淋漓尽致。加之前述中国面临的各种压力，有效需求不足将成为接下来一段时期中国经济运行不得不面对的一个现实问题。在企业投资意愿下降、信用链条萎缩的情形下，政府稳经济的作用将无可替代。与此同时，我国财政收支的矛盾却日益突出，如何确保在金融稳定的前提下便利赤字融资，如何通过国债问题统筹好财政政策与货币政策的协调配合，已成为宏观经济管理必须尽快解决的重要问题。基于上述考虑，本书将以国债及国债收益率曲线问题作为切入点，从宏观调控、机制设计和政策操作三个层面，进一步分析财政政策与货币政策的协调配合问题。

国际经验的启示

财政政策与货币政策的协调配合在成熟经济体中已存在了大量的理论讨论与政策实践，通过对不同制度的分析总结，不仅能对完善我国的政策协调和配合带来启示，同时还能帮助我们更全面地理解现代财政体制与现代中央银行制度。从国债管理和国债收益率曲线应用的角度来看，以下几个方面充分体现出两大政策协调配合的重要意义：

第一，虽然财政与货币当局存在明确分工，但国债却正是两大政策协调配合的发力点。在次贷危机之前货币政策正常化时期，中央银行通过在二级市场交易买卖国债，以准备金调节和以量带价的方式引导形成目标的短期政策利率、货币市场基准利率和国债基准利率，再通过国债收益率曲线传导政策意图。2008 年全球金融危机后的货币政策非正常化时期，受制于零利率下界以及利率传导不畅的约束，发达经济体的中央银行主要通过大规模买入国债等资产无限兜底市场流动性，或通过公开市场采用买长卖短的曲线扭曲操作直接作用于长端国债利率，进而向经济体直接传达政策意图。就财政方面而言，国债是国家财政融资的重要手段，国债收益率曲线是融资成本的核心考量因素，财政当局通过实施风险平衡的国债管理策略来实现经济增长和债务可持续的目标。两大政策配合的焦点自然地汇聚到了国债之上。

第二，发达经济体的货币发行采用以国债为基础的主权信用模式。为什么发达经济体最终选择主权信用基础的货币发行模式，而没有采用外国资产模式和中央银行贷款模式？因为，这是经济运行内洽的选择。一个成熟的大型经济体不可能依靠外汇的流入支撑其稳定的货币发行机制；同时，中央银行的贷款模式，即使使用主权信用作为抵押品，也将面临抵押到期所引发的流动性压力，对收益率曲线影响过于间接，针对特定信贷对象带来传导效率损失，以及遭遇流动性压力时可采取的手段不足等制约。让国债成为货币当局资产端关键的信用压舱石，能让本国国债与货币的国际化相辅相成，通过高流动性的国债市场来强化本国货币在全球经济和金融中的国际地位。在信用货币制度下，财政与货币两大政策共同创造信用，这其中国债势必会发挥其核心纽带作用。

第三，财政当局积极主导，建设一个统一高效的国债市场。国债市场建设一直以来都是财政与货币当局共同关注的焦点，两大部门遵循合理的分工原则，共同推动形成一个高效的国债市场。在发行方面，事实上已形成了一种以财政部为主导，中央银行或国债管理机构具体实施的分工格局，以确保国债以预定的规模和丰富的期限品种顺利发行；在市场流动性维护方面，财政部更多通过流动性增强发行、续发行等方式从国债供给端加强流动性，中央银行则更多通过市场沟通、流动性监测等方式从国债需求端进行流动性建设；在基础设施建设方面，形成统一集中的托管结算后台，从发达经济体的历史经验来看，为了提升运行效率、降低操作风险，这些国家都经历了由多个分散的后台逐步整合统一的过程。鉴于财政当局在国债管理与政府债务融资中天然的主导位置，国际经验表明财政当局理应在国债市场建设中发挥主导作用，包括在国债市场的一二级市场的相关制度建设、基础设施制度安排、监管与联合监测等。

第四，财政与货币政策协调配合共同推进国库现金管理。国库现金管理通常要实现三个目标：满足日常财政支出需求，保证国库现金的合理收益，避免与中央银行货币政策操作产生冲突。从各国国库现金管理实践来看，财政部负责国库现金管理的主要决策事项，中央银行管理国库总账户，提供资金清算等服务，已成为各国惯例。国际上各国普遍建立了国库单一账户体系，并实行库底目标余额制度，用于满足当日财政支出需求，同时减少财政存款对中央银行流动性管理的冲击①。实行库底目标余额制度需要财政与货币当局共同协调配合，对国库现金量进行精细的预测。同时，各国普遍采用多种国库现金管理工具，实现双向操作。目前，各国普遍建立了国库现金管理的沟通协调机制，就相关信息进行充分的交流和共享，对未来国库现金流开展合理预测，讨论国库资金市场化运作方式，保障国库现金管理与流动性管理平稳进行。

第五，注重短期国债市场的发展。次贷危机以来，在各国非常规货币政策的操作过程中，短期国债的重要性日益提升，货币当局操作吞吐的国债中，短期国债的比重普遍超过了长期国债。相对于长期国债，短期国债的期限较短，对远端收益率的影响不大，因此货币当局购买短期国债对于收益率期限结构的影响相对较小，既不会扭曲市场对于远期收益率的预期，又能向市场提供合意的流动性规模，可以较好地兼顾救市和市场合理预期。同时，扩大短期国债的发行，不仅便利非常规货币政策的操作，也可以丰富国债品种，扩大政府的融资来源，降低融资成本，对于财政融资的可持续健康发展具有重要意义。如果结合当前流动性市场变化的主要趋势来看，整个金融体系的流动性管理已经与国债尤其是短期国债紧密相连。短期国债，甚至是以短期国债为基础的货币基金已经更为广泛地承担了机构现金管理的"货币"职能。

第六，正确看待赤字和债务上限问题。大家耳熟能详的《欧洲联

---

① 次贷危机以后，美国已不再实施库底目标余额制度。这是因为量化宽松下，美联储已改变了原有的货币政策操作框架，利率走廊的上下限都需要美联储进行利息支出，而美联储的盈利与亏损也最终会被归并到财政统筹中来。因此，美国已不再实施库底目标余额。但对于常规的货币政策框架而言，库底目标余额制仍然具有较强的参考意义。

盟条约》规定的赤字率 3% 和债务率 60% 的限制条件，并非具有严格的学理推导，而是一个极具历史性的政治选择。从发达经济体的经验来看，为了刺激经济重回正轨，财政扩张屡次突破赤字率或债务上限的约束已经是个不争的事实。这背后的核心学理就在于，政府的债务其实就是一种类似于货币的信用创造，一个可承受的政府债务水平实际上是和社会信用总量跨期的合理承载能力紧密相关的。发达经济体的财政与货币政策协调配合实践表明，设置一个固定的债务上限，然后在实践中反复博弈突破该上限，反而不如更科学地设置债务上限。以增长和就业为目标，采取灵活的相机抉择策略使得债务上限可以在一定范围内波动，这可能是符合实际且后遗症更小的政策选择。

第七，财政与货币当局协同健全国债收益率曲线，共同推动曲线深入应用。发达经济体一般通过财政或货币当局编制发布国债收益率曲线，编制的价格源、方法论与质量控制等常指定其他机构配合提供。在协调配合并致力形成健全的国债收益率曲线上，财政当局应尽量保证国债发行期限的完备，保证收益率曲线各个期限点的完整性；同时，财政部和中央银行协调配合，共同促进国债二级市场的流动性，保证价格信息的充分有效；另外，国债收益率曲线须财政或货币当局，或由其指定的专业并且中立的机构进行编制和维护，确保编制方法的透明与质量管控的严格，财政部与中央银行同时予以公开发布支持，为市场各方提供公允参考。在此基础上，财政与货币当局应共同着力推动国债收益率曲线深入应用，发挥无风险利率基准的关键作用。财政与货币当局应建立联合的国债收益率曲线应用评估小组，推动金融机构在金融工具与金融资产定价过程中广泛参考国债收益率基准，并将相关应用情况纳入对金融机构的考核中。同时，推动货币当局公开市场操作买卖国债，推动货币发行与货币创造向主权信用模式转变，推动建立以国债收益率曲线为中介目标的货币政策框架与传导路径，包括特殊背景下的收益率曲线管理（控制）、扭曲操作、政策中介目标和政策传导机制等诸多方面。

中国政策协调配合面临的问题

虽然我国财政政策和货币政策协调配合已取得一定的进展，但与国外实践对比，仍有一些亟待完善的问题：一是我国的赤字政策和债务规模调整机制仍较为传统，国债规模仍有增长空间。我国长期恪守3%的赤字规则，国债规模相较于国际水平仍留有较大余地。这对于强调财政纪律意义重大，但在一定程度上限制了危机期间财政的刺激力度和效果。在经济增速面临下降的背景下，低利率政策是实现政府债务可持续的必要条件之一。站在债务可持续角度，财政支出对于经济增速的正向作用和对财政赤字的负向作用存在着一种权衡关系。在当前我国面临经济下行压力和有效需求不足的背景下，应根据经济运行情况科学设置债务上限，在满足财政对经济支持力度的同时，继续确保债务的可持续性。

二是短期限国债的规模和应用稍显不足，制约政策协调配合的效率。我国长期面临短期国债不足的问题，从近些年开始，我国逐步完善短期国债的常规发行机制。但相对于以美国为代表的发达国家，我国的短期国债无论是从发行量还是余额来衡量，比例都是偏低的。而短期国债能够更为灵活地控制财政筹资成本，使得财政当局的债务期限结构更具弹性，也为中央银行提供了更为丰富的流动性管理工具，是财政与货币政策协调配合中重要的政策工具。尤其是在危机期间，短期国债充当了恢复流动性和提供安全资产的重要角色。

三是国库现金管理的制度建设有待进一步完善，国库现金管理工具仍须丰富。从目前的实践操作来看，在我国的国库现金管理中，财政部门、中央银行国库部门和其他预算单位之间存在着信息沟通不及时的情况。同时，我国国库现金管理采用单一账户模式，大量资金冗余在中央银行财政存款账户，财政存款大幅波动会对金融市场流动性造成冲击，增加中央银行调控难度。同时，短期国债或国库券等操作工具不足也会对国库现金管理形成一定的制约。

四是货币发行机制有待进一步完善。当前，我国货币发行机制已由国外资产模式转变为中央银行贷款模式，而世界主要发达经济体均以主权信用模式为主。外汇资产发行模式一方面可以起到稳定币值的作用，另一方面也会影响货币政策自主性。在我国现行的外汇管理制度下，外汇储备的吞吐将直接影响基础货币的总量，对国内宏观金融环境造成冲击。同时，中央银行的贷款模式即使使用主权信用作为抵押品，也将面临抵押到期所引发的流动性压力，对收益率曲线影响过于间接，针对特定信贷对象可能带来传导效率损失以及遭遇流动性压力时可采取的手段不足等制约。而主权资产模式对于中央银行来说，资产的风险最低，可为货币发行奠定稳定的价值基础。同时，国债市场形成的收益率曲线也成为金融资产定价的基础。对财政部而言，中央银行持有国债，扩大了收入来源，令财政支出对税收的依赖性下降，进而拓展了财政政策的空间和灵活度。

中美政策协调配合的对比分析——基于 MS-VAR 模型

理论上，分析两大政策协调配合的方法主要有动态随机一般均衡（DSGE）、博弈论、计算经济学（ACE）和向量自回归（VAR）的计量方法四种。上述方法各有优劣，博弈论方法通过设定福利损失函数，求解货币政策和财政政策在不同协调机制下的最优政策规则；DSGE虽然作为当前宏观经济学的主流研究范式，但其代表微观主体的建模方式却无法刻画个体复杂的异质性及相互作用的特征；ACE自下而上，从微观主体的属性、行为和互动模式出发，模拟出宏观层面的系统状态，但现实经济运行中的复杂性极大地增加了模型复刻的难度，目前的相关研究仍处于起步阶段；VAR模型主要通过脉冲响应函数分析经济金融指标对财政和货币政策冲击的响应情况，模型简单明了，但缺乏微观基础，以及未考虑理性预期等因素。考虑到本书研究的主要目标在于两大政策在国债管理和收益率曲线应用中的协调配合，笔者最终选用了马尔科夫转移机制下的向量自回归模型，即MS-VAR模型。本书基于物价水平财政理论（FTPL），以更贴近现实的政策规则来确定状态划分（财政政策紧盯赤字目标为被动，反之为主动；货币政策紧盯通胀目标为主动，反之为被动），分析主动/被动性政策选择下的各变量对于政策冲击的响应关系。

通过对比中美财政与货币政策分析的实证结果能够发现，中美的宏观调控具有共性，但由于中美两国宏观经济环境、体制机制的显著差异，中美两国的政策调控模式和调控效果均存在明显不同。从货币与财政政策状态转移机制来看，中美两国存在如下异同：其一，中美财政政策调控机制均表现出一定惯性，且由于财政政策调整涉及的政治因素更多，因此调整流程繁琐耗时，双方的货币政策相较于财政政策均更为灵活。其二，中美两国货币政策状态转移的时点大体一致。货币政策由被动转为主动的时间节点基本处于经济过热导致的通胀飙升或经济衰退引起的通胀急剧下行阶段。20世纪90年代以来，长期的低通胀使得中美两国更多时期采取了被动型货币政策。其三，中美两国财政政策状态转移的背景存在显著差异。所处经济发展阶段的不同，使得两国财政政策关注的重点存在明显差异。中国经济在长期的高速增长和赶超模式下，财政政策并未真正遭遇到无法回旋的债务压力，政府一直有空间采取主动型财政政策。直到中国经济增速下滑和增长方式转变，政府开始正视经济结构调整所带来的财政压力后，财政大约在10年前切换成关注债务的被动型财政政策。而美国的经济增长模式和管理体制早已成熟，财政政策一直以被动型为主，只有当经济出现衰退时，财政才会转变为主动型模式。

如果从财政政策与货币政策协调配合及调控的效果来看，中美两国的差异性则更加明显。

首先，中美两国国债收益率曲线都具有政策传导功能，尤其是在遭遇危机冲击时传导功能更强，但美国的收益率曲线的政策传导效果高于中国。本书通过实证测算，发现近年来中国国债收益率曲线对货币政策的传导效率已有了进一步提高，中国的传导效率已相当于美国的84%，但总体上国债市场建设与利率市场化仍有进一步完善的空间。

其次，美国货币与财政政策整体呈现"一松一紧"的配合，中国货币与财政政策更倾向于"同松同紧"的配合。相对而言，"一松一紧"的政策配合有助于经济运行的稳定和政策的可持续性，适用于经济温和增长且波动较小的状况。中国经济过去长期处于高速发展阶段，难以避免地会遭遇各种波动冲击，但随着经济体制改革的不断深化，宏观政策调控的难度逐渐加大，而在这一过程中，政策遵循总体宏观调控的指导思路，更容易出现"同松同紧"的配合。

最后，美国短期国债在两大政策协调配合中发挥了重要作用。短期国债灵活且利于债务成本控制，在应对财政短期资金盈缺上具有明显优势，尤其是在国库现金管理和面对危机时财政实施救助措施等方面。在美国，短期国债的发行占比通常超过 50%，短期国债余额占比超过 15%，整个短债市场在公开市场操作、财政现金管理和流动性市场运行中都发挥了极其重要的作用。而中国短期国债占比相对较小，且中央银行常规情况下不持有国债（特别国债除外），这在一定程度上制约了宏观调控的空间，影响政策配合效果，同时也会影响金融市场发展的广度和深度。

政策建议

通过国债管理与国债收益率曲线这一线索，我们能够更为清晰地审视财政政策与货币政策协调配合中的一些关键问题。结合国际经验比较，本书认为以下相关建议值得认真考虑：

第一，转变宏观政策调控机制，加强货币与财政政策的协调配合。实践证明，理论中的最优政策搭配并不是政策当局的常态化选择。现实中，政策组合不得不根据经济形势的变化进行相应的调整。结合政策调控机制的现实特征，常态下较优的政策搭配应该为被动型货币政策与被动型财政政策的组合，而一旦出现高通胀或经济衰退时，两大政策的状况应及时调整。当前我国的宏观政策应该考虑被动型货币政策与主动型财政政策的组合，实施"财政政策主导、货币政策配合"将是更优的策略。在这一政策组合下，财政政策可以进一步提升政策的效能，更加精准、可持续地实施扩张性政策，货币政策要维持相对宽松的政策环境，为积极财政政策的实施提供稳定、持续的金融条件。结合当前国内外错综复杂的形势变化，应该适时提升宏观调控实现方式的灵活性，以更经济、更有效的方式实现调控目标。

第二，货币发行向主权信用模式转变，推动中央银行通过公开市场操作买卖国债。事实上，作为国家信用的一体两面，一国国债与该国货币的国际化相辅相成，通过流动性较强的国债市场强化本国货币在全球经济和金融中的垄断地位已成为一个自然的过程。2014年以来，我国货币发行机制逐渐由外汇资产模式转向中央银行贷款模式，目前我国已形成外汇资产和中央银行贷款并行的基础货币发行模式。并且，新增的基础货币投放方式主要集中在质押式回购的定向授信模式。这看似具备了一定的主权资产模式的特征，但本质上还是中央银行贷款模式，且并不利于国债流动性的提升。而中央银行真正持有国债的主权资产模式则具有明显的优越性，对于中央银行来说，国债风险最低，价格也最为稳定，这就为货币发行提供了稳定的价值基础。同时，成熟的国债市场也为货币政策实施提供了切实有效的操作工具，国债市场形成的收益率曲线也成为金融资产核心的定价基础。对财政部而言，中央银行持有国债，扩大了收入来源，降低了对于税收的依赖，进一步拓展了财政政策的空间与灵活度。当下，我国法律已明令禁止中央银行在一级市场上直接为国债筹资，并且，中央银行具有在二级市场上买卖国债的完全主动权。因此，财政纪律能否得以执行，债务扩张能否得到有效控制，关键点并不在于中央银行是否持有国债。此外，国债是否能够有效地成为货币投放基础，还取决于国债市场自身的广度和深度，而这都需要财政政策与货币政策长期有效的磨合。

第三，稳步推进国债市场的国际化建设。国债作为最具代表性的主权信用资产，是境外投资者的重要投资品种之一。同时，建立在发行国之外的离岸国债市场，对于一国的金融开放、本币国际化同样具有重要的推动作用。近年来我国的主管部门颁布了多项政策措施，简化了境外机构投资程序，大力推进了中国债券市场统一对外开放。未来，中国完全可以通过市场的进一步有序开放，推动整个国债市场的发展与完善。建议对境外金融机构全面放开银行间债券回购业务，可先放开逆回购，在控制杠杆的情况下放开正回购，以促进流动性提升，回应投资者关切。同时，可以适时稳妥地放开境外投资者参与境内国债期货交易等。另外，建议在境内外国债统筹的前提下，逐步增加境外人民币国债发行规模，丰富境外人民币产品，推动人民币国债成为国际市场通行的合格担保品，积极推动人民币国债离岸市场建设，完善人民币回流机制，更好地助力人民币国际化。

第四，完善债务约束机制，科学设置债务上限。我国自2006年起，由国债发行额管理制度转变为国债余额管理制度，具体实施中预算长期受3%赤字率硬约束（2021年略有突破）。这一约束设置参考了国际惯例。结合现有的理论讨论和国际经验来看，这一国际惯例的取值缺乏坚实的理论基础，更多的是历史条件下的政治选择，且近年来常常被发达国家自身突破。事实上，从国际经验和中国当前面临的现状来看，应高度重视政府赤字和债务对于特殊时期刺激有效需求、保持经济稳定的关键作用，这对于一个具有战略纵深的经济大国而言更为重要。长期以来，我国债务率严格遵守债务的硬性约束，这使我国的法定债务水平具有较高的安全度，同时也意味着，未来运用财政手段保持经济增长的稳定仍具有较大空间。因此，建议科学设置债务规模上限的约束机制，结合国内外形势的变化，密切评估国内有效需求、就业、物价以及货币币值状况，合理调整债务上限和赤字约束。

第五，推进库底目标余额制度建设，丰富国库现金管理工具，优化国库现金与中央银行流动性管理。国库现金管理追求三大目标：满足日常财政支出需求、保证国库现金合理的收益、避免与中央银行货币操作产生冲突。我国的国库现金管理虽然也采用了类似于美国的定期存款拍卖以提升国库现金的收益，但中央银行资产负债表中长期存有居高不下的财政存款，这既造成了大量财政资金闲置，同时由于财政存款的波动较大，也增加了中央银行的流动性管理难度。因此，需要加快推进国库现金管理的库底目标余额制度建设。为此，应注意以下几方面工作：设置合理的库底目标，实现精细化的现金流预测；财政存款的投资操作与中央银行日常公开市场操作相隔离，避免产生冲突；注重财政与货币政策在维持库底目标余额工作中的紧密协调；加快丰富国库现金管理工具，尤其是要加大短期国债的发行等。

第六，积极发挥财政部在债务管理与国债市场建设中的主导作用，建立统一高效的政府债券市场。国际成熟经验表明，应积极发挥财政当局的主导作用，协同中央银行、金融监管部门以及行业自律管理机构，建设一个统一高效的政府债券市场。财政部应确保在各种情况下国债供给的效率；在国债管理与债务政策制定之外，财政部应该就国债市场管理中一些行政事务（招投标与赎回）以及国库现金管理的操作等发挥更多的主导作用；财政部与中央银行、金融监管部门以及自律管理机构共同推动国债二级市场交易机制完善，出台统一的国债市场相关管理规则（不区分交易场所）；财政部主导建立集中统一的国债登记托管基础制度；财政部适时主导建立财政部下属的债务管理办公室，或者设立由国债一级交易商等主要市场机构组成的国债融资顾问委员会，在财政部的管理下专责国债管理事务的具体制定与执行，密切关注国债市场流动性状况与市场建设，进一步促进国库现金管理与债务管理、与财政货币政策之间的协调配合；同时，不断提升地方政府债的市场流动性，将地方政府债券纳入政府债券市场整体统筹发展的角度进行考虑。

第七，财政部与中国人民银行协同健全国债收益率曲线，共同推动曲线深入应用。当前，我国的国债收益率曲线由财政部、中国人民银行等主管部门官方发布，曲线由中央结算公司通过每日广泛吸收成交、结算、报价等全市场价格数据源，使用公开透明的方法编制而成，整个编制过程严格对标 IOSCO 国际监管标准实行的产品质量管控体系，迄今为止，该曲线受到主管部门、市场机构乃至国际组织的广泛认可，且这种模式与现今广泛推行的国际实践保持一致。未来，财政与货币当局还可以进一步共同发力，以更好地发挥国债无风险利率基准的关键作用。建议财政部与中国人民银行联合成立国债收益率曲线应用评估小组，推动金融机构在市场化定价中广泛参考国债收益率基准，尤其是在商业银行的内部资金转移定价（FTP 定价）和存贷款定价中参考国债收益率曲线；建议推动中国人民银行逐步在公开市场适时重启国债买卖的日常操作，推动建立以国债收益率曲线为政策中介目标的货币政策框架与传导路径；重视国债收益率曲线中所蕴含的前瞻性信息，持续跟踪分析曲线形态的变化，进一步加强国债收益率曲线在货币政策分析与制定中的应用。

第八，进一步加强以国债为基础的金融市场流动性机制安排。目前，各国都将保持流动性的充足合理作为金融稳定的重要内容，这其中以国债作为安全抵押品的回购市场作用十分关键。现实中，政府债券作为支撑影子货币增长的基础资产，为整个市场流动性奠定了重要的基础。从债券在当前流动性市场中的地位来看，财政已成为事实上的"影子中央银行"。但回购市场同样也存在着一些内在的不稳定因素，因此对回购市场的管理应当注意：对抵押品范围做出限制；财政与货币当局设立在危机时的协调应对机制，确保高质量抵押品的充足；宏观调控与监管政策就流动性影响保持沟通协调；设定抵押折扣率的逆周期调节机制。同时，要关注人民币离岸市场的流动性管理，根据人民币跨境融资债权形式的变化及时进行监管调整；中央银行需要应对人民币流动性市场结构的变化，做好人民币最后做市商（Dealer of Last Resort，DLR）的准备；搭建好国际金融监管一致性框架，减少由于监管分化衍生出的风险。

第九，在更高层面确立财政政策与货币政策的协调机制，系统性推进两大政策协调配合。两大政策之间进行协调配合，必须要有一个构架于财政、货币两大主管部门之上的协调机制才能系统地将政策协调配合推上正轨。当前，我国在财政政策与货币政策协调配合方面尚未建立系统的工作机制，而当前经济增长方式转变、国内外发展环境的变化所带来的压力已对这两大政策协调配合提出了迫切要求，亟须以国家宏观利益大局为根本，搭建一个公平、开放的平台以推进政策的协调配合。借鉴国际经验，可以考虑在中央财经委员会或者国务院层面设立专门的政策协调工作组（或委员会），专职负责推进政策协调配合的相关工作。同时，合理设置协调工作机制的组成人员，涵盖财政部、中央银行和金融监管机构等部门主要负责人，并适当引入在金融市场、宏观经济、政策研究等领域具有丰富经验的外部专家。

第十，保持更为畅通的信息交流，实现两大政策的主动配合。保持不同宏观调控政策之间的有效沟通交流机制，是理解双方政策目标、框架、操作方式的最直接途径，有利于提升政策配合的效率。考虑到经济形势和政策调控的复杂多变，有必要建立正式和非正式的信息交流沟通机制。尤其是在危机救助时期，及时的信息交换显得尤为重要。具体实践中，可建立正式的政策沟通机制，丰富现有沟通机制的内涵，双方可就救助规模、时机以及职责（损失承担）保持及时密切沟通。此外，可借鉴国际经验，推动官员在两部门之间实现交叉任职，尤其是业务相关单位之间的交流任职，这对增进相互理解、提高政策传导的效率大有裨益。

目 录
Contents

第一章 背景、概念与理论基础

第一节 研究背景

综观改革开放四十多年历史，我国经济增长虽有周期性波动，但整体保持高速增长。财政政策和货币政策也经历了由简单到复杂、由单一到相互协调配合的历程，其政策内涵更加丰富、政策工具更加多元、调控方式更加灵活、政策效果更加突出，有力地支持了我国经济社会的持续稳健发展。

当前，全球经济尚未走出经济危机和欧债危机的阴霾，又突受疫情和地缘政治冲突加剧的冲击，在经历长期衰退后又面临滞胀风险，经济增长不确定性风险增加，外部环境更趋复杂严峻。同时，国内经济增长模式发生转变，经济发展面临需求收缩、供给冲击和预期转弱三重压力。这对财政政策和货币政策进行充分、有效的协调配合提出了更高的要求。党的十八大提出"进一步健全、完善政府宏观调控体系"，在党和政府的经济工作会议中也多次提出要加强财政政策与货币政策的协调配合。《中华人民共和国国民经济和社会发展第十二个五年规划纲要》指出，要加强和改善宏观调控，加强财政、货币等各项政策的协调配合。2019 年通过的《中共中央关于坚持和完善中国特色社会主义制度 推进国家治理体系和治理能力现代化若干重大问题的决定》提出，"健全以国家发展规划为战略导向，以财政政策和货币政策为主要手段，就业、产业、投资、消费、区域等政策协同发力的宏观调控制度体系"。2021 年的中央经济工作会议以及《中华人民共和国国民经济和社会发展第十四个五年规划和 2035 年远景目标纲要》也提到"加强财政政策与货币政策的协调联动"。党的二十大报告更是明确提出，"健全宏观经济治理体系，发挥国家发展规划的战略导向作用，加强财政政策和货币政策协调配合，着力扩大内需，增强消费对经济发展的基础性作用和投资对优化供给结构的关键作用"。

当前背景下，加强财政政策与货币政策的协调配合，具有十分迫切的现实意义。一是面对当前的复杂国内外经济形势，单一政策力度有所不足；二是危机期间，全球实施以量化宽松和海量国债发行为特征的大规模救助措施，要求财政与货币政策必须协调配合，以实现合理运用政策空间并同时提高政策效率的双重目标。

由于国债在客观上兼具财政和金融功能，财政政策和货币政策协调配合的关键就在于制定统一、协调的国债管理政策（李扬，2021）。尤其是随着国债市场的不断发展，国债功能的不断完善，中国的宏观政策调控工具也更多地向市场化工具转变，国债市场已成为两大政策协调配合的关键抓手，主要体现为以下几点：一是国债市场是核心的基础性金融市场，并且人民币国际化必然与国债市场发展相辅相成，国际投资者大量持有人民币资产（以国债为主）是人民币国际化的重要特征之一；二是国债收益率曲线是构建基准利率体系的重要一环，健全的国债收益率曲线是成熟发达的国债市场的重要特征之一，国债市场发展是利率市场化的重要基石；三是国债与国债收益率曲线既是货币政策流动性管理与金融稳定的重要工具，又是政府融资与债务管理的主要手段，是货币与财政政策主要结合点，聚焦国债市场对政策协调配合开展研究具有很强的理论与政策实践价值。

第二节　基本概念和研究范畴

一、基本概念

经济运行是一个复杂动态的系统，在众多的经济主体中，金融部门和财政部门显然占据着无可争辩的主导性地位。更关键的是，它们承担着管理和调控宏观经济运行的重要职能。在具体实践中，两部门逐渐形成一系列宏观调控政策——货币政策和财政政策。各国根据具体国情逐渐建立了相适应的机制体制，并创设了一系列政策工具，力图通过政策实施，实现物价稳定前提下的经济可持续增长的宏观目标。

具体而言，财政政策是财政主体部门（财政部）为了实现特定目标，根据所处时期的形势，遵循一系列的机制安排，通过财政收入、支出、债务等政策工具，贯彻落实财政职能的政策策略与措施。货币政策是货币当局（中央银行）为了实现特定目标，根据所处时期的形势，遵循一系列的机制安排，通过货币供应量、利率、流动性等政策工具，贯彻落实中央银行职能的政策策略与措施。财政政策和货币政策协调配合，强调财政和货币当局在充分交流、共享信息的基础上，在政策类型、方向和工具上相互协调、配合、支撑，在实现整体宏观目标的前提下，尽量维护各自的政策立场和目标。

货币政策和财政政策协调配合有着丰富的内涵。国际货币基金组织（IMF）早期工作论文指出，货币政策和财政政策的关键结合点是赤字融资及其对货币管理的影响，并且从宏观层面（实现整体政策目标)、机制层面与操作层面进行了详细论述（Laurens and Piedra，1998）。李扬（2021）从宏观、结构和体制三个层面提出了货币政策和财政政策协调配合的整体框架。具体来说，宏观层面主要阐述两大政策松、紧、中性的搭配组合；结构层面主要指两大政策调控功能和机制的不同；体制层面主要取决于各国的政治、法律、经济制度和历史。同时，作者指出了现阶段货币政策和财政政策配合的主要领域，包括国库现金管理、金融市场发展和利率体系形成、对大量介于传统金融和传统财政领域之间的经济活动的支持、国企管理、国有资本管理以及外汇储备管理等。其中，重点阐述了货币政策与财政政策协调配合的关键，即建立统一、协调的国债管理政策。本书借鉴相关学者的研究框架和体系，强调了两大政策协调配合的三个层面：一是宏观层面，聚焦两大政策组合搭配，以更全面实现既定的政策目标，包括松、紧搭配以及主动、被动搭配；二是机制层面，聚焦政策配合的体制机制安排，为实际操作提供指导，包括目标与职责的明确与划分、交流与信息共享机制、货币发行机制以及公共债务管理机制；三是操作层面，聚焦政策实践中的工具配合。随着金融市场尤其是国债市场的深化发展，财政政策和货币政策协调配合愈加依赖市场化的货币与债务管理工具。货币当局和财政当局即便基于各自的关切，也将会以极大的动力来共同推动国债市场与收益率曲线的建设与完善。

二、财政政策与货币政策协调配合的必要性

理论和实践都充分表明，货币政策和财政政策之间存在着显著的相互影响，通过任一政策进行宏观调控都会不可避免地受到另一政策的影响。金融部门和财政部门若不能有效地协调配合，将无法确保各自政策的一致性、连贯性和可信度，最终会影响政策调控的有效性，

进而诱发金融市场动荡，影响经济增长。Hanif 和 Arby（2003）归纳总结了财政政策与货币政策协调配合的必要性：一是建立政策内部一致与政策间一致的政策目标，以实现温和通胀下的稳定增长；二是通过交换信息和相互协商，确保有效执行为实现货币政策和财政政策既定目标而作出的决定；三是确保货币当局和财政主体部门保持政策的连续性。李扬（2021）指出，经济运行以货币流通为载体。货币政策和财政政策基于且作用于货币流通，两大政策体系间天然具有相互协调配合的基础和可能；同时，货币政策和财政政策的实施在渠道、方式、强度、节奏、效力乃至时滞等方面存在差别，两大政策体系协调配合更有绝对的必要性。张晓慧（2020）指出，2008 年国际金融危机以来，各国货币当局实施了非常规货币政策，这对抵御危机产生了一定的作用，但随着货币条件空前宽松，非常规货币政策因难以退出而被迫常态化。近年来，主要发达经济体实施零利率甚至负利率等非常规货币政策，货币政策"子弹"基本打光，效果不及预期，由此产生了由财政政策驱动货币政策的配合思路。反观我国，常规财政政策和货币政策仍有空间，需要加强常规性、机制性的财政政策与货币政策之间的协调配合。

财政政策和货币政策作为最主要的宏观调控手段，是集中调控货币流通与信用扩张的两大政策体系，它们的协调配合是市场经济下的客观需要。首先，我们应该从货币政策与财政政策的一致性、侧重点以及互动性角度来理解两大政策配合的必要性；其次，国债管理是货币政策与财政政策协调配合关键点，加强国债市场以及国债收益率曲线建设对两大政策协调配合至关重要，尤其是在我国长期面临有效需求不足的背景下；最后，中国经济所面临的现状，也使加强两大政策协调配合成为一个紧迫的现实问题。

（一）从"同"与"不同"来理解两大政策配合的必要性

财政政策与货币政策最终目标的一致性是协调配合的基础。第一，两大政策最终目标一致，都从属于宏观调控总目标。货币政策目标通常包括经济增长、物价稳定、充分就业和国际收支平衡等多重目标，我国还将优化经济结构作为目标之一。财政本质上是以政权为依托，为国家或政府理财、行政，即"以政控财、以财行政"。货币和财政作为国民经济调控的两个最重要因素，货币政策和财政政策的最终目标本质上具有较强的一致性，都从属于宏观调控总目标。两个部门设定的最终政策目标都是确保国民经济长期持续的稳定增长，这种目标一致性使两大政策协调配合具备了基础。第二，两大政策都通过货币与信用手段来进行调控，财政与金融在很大程度上都表现为信用问题的一体两面。货币是中央银行和商业银行共同创造的信用，国债是中央政府创造的信用，两者的货币金融属性十分接近。尤其在当前高度发达的金融市场与日益复杂的金融结构下，国债的货币属性甚至已超过了传统的商业银行创造的货币，成为与基础货币并驾齐驱的流动性基础。

财政政策与货币政策的侧重点不同又为协调配合创造了必要条件。第一，货币政策与财政政策的优先目标有所不同。通常来说，财政政策通过设定优先目标更为关注收入分配、产业发展以及公共服务等问题。货币政策的优先目标在不同阶段有所不同，在现代中央银行制度下，中央银行的独立性显得尤为突出，通常保持物价稳定为中央银行的首要目标，如欧洲、英国、加拿大、新西兰等，而美国联邦储备系统（简称"美联储"）则建立了物价稳定和充分就业双重目标制。两部门有效协调配合，不仅能使各自的政策优先目标更易实现，还可令政策当局更加遵守各自的承诺目标，进而有助于消除政策的时间不一致问题。第二，货币政策与财政政策的传导机制不同。货币政策传导机制主要体现在利率、汇率、其他资产价格（股票、债券、房地产价格等）以及信贷等方面。财政政策传导机制包括通过预算编制反映财政政策意图；通过预算执行，依托财政体制贯彻落实财政政策；通过财政支出引导带动作用，影响信贷规模、结构以及货币供应量等。虽然传导机制不同，但各自的传导机制中又相互渗透着对方的政策影响因素。第三，货币政策与财政政策的调控方式以及对总量和结构的调控优势不同。一方面，财政政策对国民经济调控较为直接。无论是收入政策、支出政策还是赤字融资政策，都直接作用于经济主体并影响其经济行为。并且，财政政策对国民经济的调控，既涉及总量也涉及结构。另一方面，货币政策对国民经济调控，无论是采用数量型还是价格型政策工具，本质上都是间接的，其通过影响经济主体的资金可得性和资金成本来影响其行为。即使当前已存在大量的结构性货币政策工具，但总体而言，货币政策对于宏观经济的调控机制仍然以总量层面为主。第四，两大政策时滞不同。从政策决策来看，财政政策的决策程序多数需经立法机关审议通过，而货币政策通常由货币当局和相关行政部门决定。因此，货币政策的决策（内部）时滞相对较短。从执行效果来看，财政政策可直接影响经济主体及行为，而货币政策需要通过间接手段来影响经济主体及行为。因此，货币政策的（外部）时滞相对较长。实践中，货币政策调整更加灵活，更多地承担着应对短期稳定性冲击的责任。

财政政策与货币政策的互动性是协调配合的关键点和出发点。第一，货币政策通过利率及期限结构、通货膨胀和通货膨胀预期对财政产生重大影响。一方面，现实中，利率能够直接影响财政融资成本及债务可持续性。高通胀将导致实际税收负担增加，刺激延迟纳税的倾向，影响未来财政预测准确性等。另一方面，财政政策也通过不同渠道影响货币政策。其中，最重要的或许是扩张性的财政政策造成大量的财政赤字，货币当局面临政府债务货币化的压力。此外，物价水平财政理论表明，仅仅依靠货币政策难以实现物价稳定，财政政策在物价水平方面也起到了至关重要的作用。第二，财政政策与货币政策相互作用的关键领域在于赤字融资和货币管理（或流动性管理）。根据资金来源，财政赤字融资方式包括私人部门在国内市场上自愿购买政府债务、国外借贷、中央银行资源（包括中央银行信贷、利润上缴国库等）。中央银行可以通过公开市场操作或量化宽松等政策持有国债，从而为赤字融资提供资源，同时通过货币政策工具作用于国债收益率，影响赤字融资的利率环境与成本，间接影响赤字融资资源。这就表明，赤字融资是财政与货币两大政策互动的重要交集，次贷危机以来，欧美和日本等发达国家的赤字货币化以及国债曲线控制等政策充分体现了两大政策的协调配合已成为常态。此外，政府存款还是货币当局的重要负债科目，它与另一个反映金融市场流动性的负债科目"储备货币"此消彼长，政府存款变动影响基础货币，形成"吞吐效应"，进而影响金融市场流动性，因此，流动性管理自然地成为两大政策互动的重要领域。

（二）国债管理是两大政策协调配合的关键结合点

在赤字融资作为两大政策重要交集的基础上，国债与国债市场又是赤字融资的核心媒介，是促进政策协调配合效果、维持金融市场稳定、实现可持续增长的重要工具。首先，国债作为具有较强流动性的无风险资产，国债利率为金融市场提供了定价基准利率，市场化的国债利率最大限度地降低了财政赤字融资的扭曲效应，市场化的融资成本可以通过量价之间的约束关系影响甚至限制赤字融资的规模；其次，国债市场不仅是财政资金的重要融资来源，也为中央银行实施货币政策提供了市场化的操作工具；最后，货币和财政当局共同承担维护金融稳定的职责，国债因其在财政融资和货币政策操作中的重要作用，在特殊时期已成为财政当局实施刺激性经济政策、货币当局向市场提供流动性的重要工具。现代金融市场中，国债已成为货币和财政当局维护市场稳定的共同基石。因此，国债与国债市场自然地就成为两大政策协调配合的关键结合点。

国债收益率曲线作为国债市场价格信息的集中、公允体现，在货币政策与财政政策协调配合中起着至关重要的作用。第一，货币政策与财政政策共同影响国债收益率曲线形态。货币政策可以通过利率调控直接影响国债收益率曲线的短端水平，同时，货币政策与财政政策还会通过国债供需关系来影响国债收益率曲线的水平和斜率。第二，国债利率作为全市场金融资产定价基准，期限最为完整，具有很好的政策传导功能。作为宏观政策与货币市场、债券市场、信贷市场以及实体经济的联结体，国债市场已成为货币政策传导的重要枢纽。政策利率信号以国债收益率曲线为载体，打通了短期和长期利率、无风险利率与信用溢价之间的联系。第三，国债收益率曲线能及时灵敏地反映出市场对于宏观经济运行的预期。国债收益率曲线形态通常被认为是反映经济变化的"水晶球"。在美联储定期发布的反映未来经济变化的先行指数中，美国国债利差指标在 10 个指标中权重为 33%，国债收益率曲线倒挂往往意味着未来经济将出现衰退。

（三）经济发展现状对政策协调配合提出了现实要求

为应对长期有效需求不足的问题，货币政策与财政政策在国债管理方面的协调配合显得更加重要。2021 年下半年，中央政治局会议提到，有效需求不足是今后市场经济运行的主要问题，是从现在开始在未来很长时间内都持续存在的"新常态"。货币政策与财政政策应加强协调配合。当前，我国处于经济金融周期下行阶段，表现为风险偏好下降，私人投资萎缩。在此背景下，仅依靠货币政策难以改善有效需求不足状况，更重要、更有效的方法是通过货币放松来促进财政扩张，以抵消私人信用紧缩对总需求的影响。尤其是考虑到新冠疫情导致的供给冲击不仅影响总量，更重要的是影响结构，需要财政政策发挥更大的作用。财政政策的结构性功能较强，能够更有效地帮助弱势群体，尤其是受疫情冲击比较大的人群和行业，更好应对当前经济下行压力和有效需求不足的问题，"财政政策主导，货币政策配合"是较优的政策选择。李扬（2021）指出，未来中国经济稳定和增长，仍将主要依赖投资和政府。赤字融资是今后我国财政政策的重要任务之一，也是货币政策必须考虑的要素之一。一方面，经济减速将明显拖累政府的财政收入；另一方面，根据瓦格纳法则，当国民收入增长时，财政支出会以更大比例增长，即随着人均收入水平的提高，政府支出占 GDP 的比重将会提高，尤其是当前经济下行趋势将迫使财政支出增加。中长期来看，我国财政的主要矛盾将集中体现为日益增长的财政支出需求与增速下降的财政收入之间的矛盾。在今后相当长时期内，财政政策和货币政策协调配合的主要领域将集中在政府赤字融资和债务管理上。

面对经济运行新形势和我国现行货币政策与财政政策存在的问题，通过国债管理和收益率曲线建设来加强政策协调配合显得尤为迫切，主要表现在以下方面：

在货币政策方面，一是利率传导机制还不够顺畅，利率市场化机制仍有待完善。政策利率、货币市场利率和实体融资利率在一定程度上存在脱节现象。Wind 数据显示，2022 年第二季度 DR007 持续低于中央银行 7 天逆回购利率约 50BP，最大利差超过 70BP，政策利率的引导作用与传导效果有待加强；再如，当前贷款市场报价利率（LPR）是在中央银行贷款利率（MLF）基础上加点形成的，但 MLF 操作的范围和数量有限，与市场利率联动性较弱，使 LPR 利率在本质上仍接近政策利率。2020 年第二季度至 2021 年第四季度 1 年期 AAA 企业债利率先上后下，其间最大变动幅度超过 170BP，而 LPR 利率连续 19 个月保持 3.85% 不变，难以真实反映实体资金供求状况。而有着大量真实交易基础、灵敏反映市场供求且市场机构自主定价、期限结构完整的国债收益率曲线，则能够更好地在政策利率向实体融资利率传导的过程中发挥核心的作用。二是中央银行公开市场操作的范围和操作方式还有改进空间。当前，我国中央银行公开市场操作的对手方还主要是一级交易商等大型商业银行，而欧美和日本的公开市场操作包括商业银行和投资银行等多类型投资机构，这种区别反映出中外流动性市场结构的显著差异。并且，在发达国家的流动性市场中，更多非银行类金融机构成为流动性市场的关键交易主体，这对于提升货币政策的传导效率有着直接的影响。我国的公开市场操作方式仍集中在有抵押的定向授信模式上，这并不利于国债流动性的提升。如果公开市场操作推行买断式回购方式，并增加中央银行在二级市场买卖国债等操作方式，对整个国债市场的流动性提升将起到十分关键的作用，与之相伴的中央银行准备金调节和全市场流动性管理的效果也将大为改进。三是需警惕当前的一些结构性货币政策可能带来的金融风险，应高度关注相关风险的扩散。当前，一些针对特殊群体或特殊用途的结构性货币政策通过再贷款或者窗口指导的方式引导商业银行行为，这一职能定位与财政政策形成一定程度的干扰，长期来看，容易造成金融扭曲与道德风险，使金融风险在银行体系有所积聚，有悖于宏观审慎监管原则的初衷，必须高度关注相关风险的积聚和扩散。针对经济运行中的结构性问题，在准确把握政府与市场边界的基础上，应该更多通过市场机制引导经济成功转型。转型中出现的维持金融体系稳定等问题，就需要财政与货币当局的密切配合。货币政策偏重总量调控、维护金融体系稳定，财政政策在确保总需求的情况下，更加注重支出的结构性效应，将更为有效。财政政策的支出保证和最终的风险救助都要求政府能够顺利地通过债券发行筹集资金。

在财政政策方面，一是国债发行规模较小，期限结构有待优化。当前，我国国债的发行规模较小，国债余额占 GDP 的比重仅为 20% 左右，远远低于欧美和日本等成熟经济体，也明显低于国际 70% 左右的安全警戒线（或欧洲国家设置的 90% 的警戒线）。当然，决定这一现状的制度基础是中央与地方在财政事权和支出责任划分上的安排，但作为一国最高信用等级的债务工具——国债占比不高却是不争的事实。与此同时，我国国债期限结构有待优化，尤其是短期限国债的规模较小。中债信息网的数据显示，1 年及以下短期国债的余额占比不足 10%。而美国证券业和金融市场协会的数据显示，美国的短期限国债或国库券的余额通常控制在 15%～20%。相同的数据来源显示，2020 年以来我国 1 年及以下短期国债的年发行额占比约为 30%，与欧美等国家 50% 以上的短期限国债年发行额占比有较明显的差距。短期限国债规模占比小，导致国债融资的总体成本高，影响国债收益率曲线的形成与健全，且使短期灵活管理国库现金的工具较为缺乏。二是集中收付制度下的国库单一账户模式增加了中央银行流动性管理的难度。当前，我国国库现金管理采用单一账户模式，大量资金冗余，造成中央银行资产负债表中财政存款的数额巨大，缴税、突击支出、政府债券发行等因素导致政府存款波动较大，对基础货币形成"吞吐效应"，进而加大了中央银行流动性管理的难度，需继续推进国库现金目标余额管理，逐步将现有中央国库现金管理操作常态化、制度化，研究发行短期国库现金管理券等工具以丰富操作工具，提高国库现金操作灵活性、针对性，有效平抑国库现金的暂时性波动。三是国债市场建设仍有巨大空间。从国际经验来看，即使美国国债市场发展已较为成熟，美国财政部仍在积极主导推进美国国债市场建设，包括与美联储及其他金融监管或自律组织积极联动，组织一级交易商等主要市场机构形成国债融资顾问委员会，密切关注国债市场流动性状况与市场建设。就中国而言，未来应该积极发挥财政部在国债市场建设中的主导作用，无论是从财政筹资还是从货币金融管理来看，建立统一高效的国债市场仍然具有巨大的发力空间。

三、协调配合的三个层面

（一）宏观层面

就宏观层面而言，两大政策协调配合应聚焦于政策组合搭配，以更全面实现既定的政策目标，其中，政策的一致性和连贯性尤其需要重点关注。宏观层面的政策协调配合可以从以下两个理论视角来看：一个是基于 IS-LM 模型的松紧政策组合；另一个是基于物价水平财政理论（FTPL）的主动型与被动型政策组合搭配。

无论是货币政策还是财政政策，各自都至少有松、紧、中性三种态势。因此，货币政策和财政政策组合至少有 9 种。基于凯恩斯有效需求理论，在学术界，研究货币政策和财政政策的调控原理以及两者之间的关系，通常都是围绕 IS-LM 模型展开的。在 IS-LM 框架下，财政政策通过加数原理、乘数作用和挤出效应在产品市场（IS 曲线）对国民经济产生影响；货币政策通过影响货币供求在货币市场（LM 曲线）对均衡利率和国民收入产生影响。在不同的经济运行态势下，实施相应的货币政策或财政政策，通过 IS 曲线或 LM 曲线的移动，可以调整总产出和利率，从而实现经济增长的目标。在实践中，很少单独实施货币政策或财政政策，大多是综合应用两者以实现政策协调配合。

分情况具体来看两大政策松紧搭配的四种组合：一是双松的政策组合，通常适用于社会总需求严重不足、经济步入萧条的情况。根据 IS-LM 模型，双松的政策组合促使总产出大幅增加，财政宽松促使利率上行，而货币宽松促使利率下降，两者对冲，利率整体变化幅度不大，这种政策组合有利于刺激经济，但容易引发通胀。二是宽财政紧货币政策组合，通常适用于社会供需相对平衡，但投资较旺盛而消费不足的情况。根据 IS-LM 模型，该政策组合会导致利率的大幅上升，在对冲作用下，总产出变化幅度不大。紧货币可以用来抑制通胀，同时宽财政利于产业结构调整，提高经济增长的质量，但若利率上升幅度过大，可能造成金融市场的不稳定。三是紧财政宽货币政策组合，适用于供需相对平衡，但消费旺盛、投资不足的情况。根据 IS-LM 模型，该政策组合会导致利率的大幅下降，在对冲作用下，总产出变化幅度不大，可以提高资金的使用效率，优化资源配置，进而促进经济持续增长。四是双紧的政策组合，适用于总需求过剩，导致通胀高企和经济过热的情况。该政策组合使总产出急剧下降，在对冲作用下，利率水平变化幅度不大。双紧的政策对恶性通货膨胀有明显抑制作用，但往往容易付出经济萎缩的代价。

20 世纪 90 年代，物价水平财政理论为货币政策和财政政策的协调配合研究提供了新的视角。该观点认为确定物价水平不仅是货币政策的任务，财政政策也对物价水平有着重要影响。从实践看，稳定物价需要货币政策和财政政策的协调配合。Leeper（1991，1993）在研究物价水平财政理论时，基于主动型和被动型的政策搭配视角对货币财政体制进行了研究。名义利率对通胀充分反应的货币政策称为主动型货币政策（名义利率对通胀缺口反应系数大于等于1），反之为被动型货币政策。非致力于保持政府债务稳定性的财政政策称为主动型财政政策（政府税收对债务水平的反应系数较小）。完全致力于政府债务可持续性的财政政策为被动型财政政策。并且，在不同政策体制下，财政与货币政策对于物价水平的影响机理也不相同。概言之，在非李嘉图体制下，财政和货币政策可以分别直接作用于稳态价格水平；而在李嘉图体制下，财政和货币政策一方面主动操作，另一方面受跨期预算约束而被动配合，稳态价格水平主要由主动的一方决定（卞志村，2017）。物价水平财政理论基于跨期预算约束，探讨不同政策体制下稳态价格水平的决定机制，其对产出和就业等重要经济变量涉及较少甚至没有涉及，但对于政策主动/被动的区分和识别，却对研究不同政策组合下的经济运行特征与政策实施效果具有重要的启示意义。

（二）机制层面

机制层面聚集政策配合的体制机制安排。主要包括中央银行与财政部目标职责的确立、交流与信息共享机制、货币发行机制以及公共债务管理机制等。

1. 目标职责的确立

现代中央银行制度的一个显著特征就是强调中央银行的政策独立性，这也使物价稳定成为全球大多数中央银行的唯一或首要政策目标。纵观历史，中央银行常常作为财政部的附属机构而存在。在国债市场尚未建立的情况下，中央银行重要的任务之一便是支持财政部门融资。这一机制在财政纪律松弛的情况下，极容易造成通胀高企，这在全球经济史中已是一个普遍存在且反复出现的问题。当深刻认识到通胀痼疾产生的根源和带来的危害之后，中央银行的独立性在理论与实践中均得到了重视并被广泛实践。

中央银行追求政策独立性并不会弱化货币政策和财政政策协调配合的必要性。现实中，中央银行始终保留着支持财政融资（直接或者间接）的重任。虽然，在现代中央银行制度下，法令已禁止中央银行对于财政的直接融资，但在国债二级市场，中央银行可通过公开市场操作或实施量化宽松政策大量购买国债。在中央银行独立性大行其道、国债市场逐渐成熟的背景下，财政政策目标更倾向于债务可持续性和债务成本最小化。相应地，中央银行的政策立场则会直接影响财政赤字融资的资源和成本。与此同时，财政融资的需求和策略也会对中央银行的政策独立性形成一定挑战，这就要求两大政策必须紧密配合，最终在平衡中达成政策目标。

中央银行核心的职能是提供稳定的货币环境，以此促进经济的增长。全球主要发达经济体的货币当局均聚焦于这一核心职能，而对于新兴经济体来说，中央银行可能更多地承担发展的责任。历史上看，中央银行在促进金融行业发展中发挥了重要的作用。例如，英格兰银行将自己视为伦敦金融中心的捍卫者，类似的还有新加坡金融管理局。与此同时，若中央银行承担太多职责也存在一定的风险，多目标容易影响政策的清晰度和可信度。

在现有体制下，中央银行和财政部承担着国债管理和国库现金管理等多项职责。在上述职责中，中央银行常常充当财政代理的角色，承担部分具体行政职能。在国债管理中，财政部通常承担发行计划安排、政策制定、政府债务余额管理等职能，中央银行或第三方独立基础设施机构承担政府债券发行、拍卖、兑付以及登记、托管、结算等职能。在国库现金管理方面，财政部承担财政资金的入库和指拨、现金流预测等功能，中央银行作为国库的代理（经理）人，主要担负提供资金清算服务、监控现金流动等职责。当财政资金出现短期缺口时，个别国家（如日本）在年初预算约束内，财政部可以通过协议借款的方式向中央银行寻求资金补充。

2. 交流与信息共享机制

尽管各国之间存在差异，但货币和财政当局正常的交流渠道和机制均普遍存在。通常来说，充分认识、理解并尊重对方的目标、职责和业务框架，能够使信息和观点的交流更为通畅。因此，两大部门的目标、职责的明确和划分，以及相应的透明度，都有助于提升货币和财政当局的沟通交流效果。如果财政当局能够充分了解中央银行的分析框架与政策反应规则，就可以预测出特定环境下的货币政策反应规则，进而进行相应的财政政策安排。因此，从理论上讲，货币政策和财政政策的协调无须货币和财政当局协商沟通就可实现。但这种理想的状态，在现实中难以实现。一方面，货币政策模式和框架往往会根据经济形势的变化进行调整；另一方面，公众对于货币政策的信任程度也会根据政策的行为及其效果发生改变。这就要求两大部门根据形势的变化，更为及时地进行沟通交流。

政策配合的正式交流机制通常是中央银行和财政高级官员以会议形式举行。2005 年，Paul Moster-Boehm 基于对全球 24 个主要经济体（11 个工业化国家和 13 个新兴经济体）的调查研究，总结了七种类型的会议形式：中央银行行长和财政部长、中央银行行长和其他高级政府官员、中央银行副行长和其他高级政府官员、高级官员和部门主管、中央银行委员会中吸收政府官员代表、行长出席经济内阁会议、金融稳定或监管委员会和其他形式。交流的具体内容通常包括：共同参加由国会组织召开的宏观经济会议、财政部长列席货币政策会议、中央银行官员参与财政部组织召开的政府债务管理咨询会、极端经济状况下召开商讨会议等。例如，澳大利亚的储备银行行长与财政部长一般会在储备银行委员会会议之后见面；挪威中央银行行长和财政部长一般在中央银行执行委员会利率会议前一天见面；在捷克，财政部长有权利参加中央银行的周度会议，同时中央银行（副）行长有权利参加政府周度会议；在美国，美联储和财政部每三周左右在联邦储备委员会举行午餐会，会议由理事轮流主持。中央银行和政府财政高级官员定期举行会议，使得双方及时了解彼此的政策意图和实施计划，通过协调沟通，便于政策实施，增强政策效力。现实中，新兴经济体国家中的部门交流和沟通反而更加频繁，讨论的主题也更加广泛，这也反映了新兴经济体中央银行的职责范围往往比发达国家货币当局的职责更广。受访的 24 个国家均有 2~4 种不同类型的会议便于中央银行和财政部门的交流沟通。发达经济体相关会议的次数为平均每年 23 次，与之对应的新兴经济体的相关会议的次数高达 47 次。

　　非正式的交流机制主要以电话和邮件的形式进行。通常来说，在财政融资、支出过程中的关键节点上财政部门会与中央银行保持信息沟通。例如，《日本财政法》规定，日本财政部安排财政支出计划时必须通知日本中央银行。根据 Paul Moser-Boehm 的调查研究，中央银行行长与财政部长通常一个月电话联系 1~2 次，新兴经济体国家联系次数普遍高于发达经济体。同时，大约 1/3 的新兴经济体国家会建立常规的协调小组，协调货币和财政的相关问题。但发达经济体很少组建这样的小组，取而代之的是金融稳定问题和危机管理协调小组。

3. 货币发行机制

在现代信用体制下，中央银行垄断基础货币发行权，货币的供给是一种金融活动。根据中央银行储备货币方程式和买卖资产的不同性质，李扬（2021）将储备货币的发行机制划分为中央银行贷款模式、国外资产模式以及主权资产模式（政府债券）模式。目前这三种模式广泛存在于全球各国的实践中，并在不同程度上须由国债市场发展予以配合。

相对而言，中央银行贷款模式在中央银行成立的初始阶段应用较为广泛，但在经济下行期间，其容易造成中央银行"资产负债表冲击"，同时不利于中央银行发挥"逆周期调节"的职责。外汇资产模式为发展中国家和小型经济体提供了"货币之锚"，但外部经济金融环境的变化无疑会对货币发行国造成显著影响，货币政策的独立性难以保证。以美国为代表，自"大萧条"以来，其货币发行一直采用主权信用模式。对于中央银行来说，国债风险最低，价格也最稳定，这也为货币发行奠定了稳定的价值基础。同时，成熟的国债市场也为货币政策实施提供了切实有效的操作工具，并且，国债市场形成的收益率曲线也成为金融资产定价的基础。对于财政部而言，中央银行持有国债，扩大了财政收入来源，使财政对税收的依赖性下降，进而拓展了财政政策实施的空间和灵活度。基于此，国债市场成为财政政策和货币政策配合的关键领域，进一步拓展至全球。李扬（2021）指出，"美国贸易逆差—美元—美国政府债务，形成了一套完全自洽且自我强化的闭循环，美国在全球经济体系和金融体系中的垄断地位，无疑被加强了"。可见，信用本位下，一国货币实现国际化根本无法离开一个完善的国债市场。

与中央银行贷款模式、国外资产模式相比，以主权资产模式为主的货币发行机制有其明显的优越性。但一个重要的前提是，必须具有规模庞大而成熟的国债市场。即便采用中央银行贷款模式、国外资产模式，发展本地国债市场也极为重要。中央银行贷款模式下，中央银行借贷往往需要优质安全的抵押物，以确保收回贷款，而国债无疑是首选；国外资产模式下，当局持有大量国外资产，为保证在安全的前提下获取收益，中央银行持有的国外资产通常是强势货币国家的国债，如备受全球主权基金青睐的美国国债。这些都表明国债在整个货币发行机制中有着重要作用。

进入 21 世纪，我国货币发行由外汇资产模式逐渐转变为中央银行贷款模式。在建设现代中央银行制度的过程中，继续完善货币发行制度，对于中央银行宏观政策调控能力的有效性提升具有重要意义。同时，加快发展国债市场以吸引全球主权基金的投资，是人民币国际化进程中至关重要的一环。

4. 公共债务管理机制

20 世纪八九十年代，经济合作与发展组织（OECD）和新兴经济体国家债务飙升，以及随之而来的债务危机，引发全球对于债务可持续的担忧，公共债务管理成为全球理论界和政府部门关注的重要课题。政府公共债务管理主要涉及两方面：一是要确保债务可持续；二是要实现风险范围内的债务成本最小化。对应的机制涉及两个层面：一是为保障债务可持续的债务约束机制；二是为管理债务风险和成本成立的专门机构——债务管理办公室（DMO）。

（1）建立债务约束机制。维持预算平衡是财政政策的重要职能之一。为恢复和维护良好的公共财政，各国纷纷引入财政规则。例如，《欧洲联盟条约》中的稳定与增长协议，赤字率低于 3% 以及国债/GDP 的值低于 60%，这两个条件成为欧元区内各国的目标，同时也是申请加入欧元区必须达到的标准；美国也出台平衡预算修正案，同时设定债务上限，当国债余额达到债务上限后，财政部不能新增债务。自"二战"结束到 2022 年末，美国国会已修改债务上限 98 次，尤其是次贷危机之后，债务上限问题沦为国会两党政治博弈的工具。次贷危机加上新冠疫情冲击，使全球债务率再次飙升，多个国家债务率已突破历史最高值，在此背景下，中央银行的低利率政策为确保债务可持续提供了新的思路。Blanchard（2021）指出，若利率低于经济增速：第一，政府可以持续赤字，而同时保持负债率稳定。第二，即使政府临时实施高赤字政策，但负债率会在急剧抬升之后逐渐下降。第三，政府不必提高税收而通过发行更多的债券来偿还债务。

（2）成立债务管理办公室（DMO）。2001 年，IMF 和国际清算银行（BIS）合作发布了《公共债务管理指引》，并于 2003 年进行了修正。2014 年两部门又发布了最新的《公共债务管理指引修订版》。与此同时，全球政府部门对于债务管理进行了全面改革。其中，成立 DMO，整合债务相关功能，成为改革的趋势和共识。当前，主要经济体纷纷建立 DMO，专司债务管理和相关政策制定工作。债务管理有其自身的目标、策略、工具等。目前，针对 DMO 的组织管理，主要有两种模式：一种是创立单独的 DMO（SDMO），另一种是 DMO 作为财政部的一个独立部门。两种模式都需接受财政部的主管和评估，只是涉及的程度不同。财政部和 DMO 分别担任不同的职责：财政部主要负责涉及政治决定的部分，决定债务管理中长期的策略，包括债务水平和债务可持续分析、本币和外币融资的限制等；DMO 尽量规避政治干涉，主要负责实施财政部相关策略，包括债务发行和债务组合的风险管理等。上述两种组织形式各有利弊。简而言之，单独的 DMO 可以加快推动债务管理改革，灵活度高；但由于受制于制度路径，其改革、操作难度更大。

在成立 DMO 的同时,《公共债务管理指引修订版》建议设立债务协调委员会,定期交流信息,包括政府融资需求、政府融资余额预测等。在国债市场建设之初,可以建立正式的协调机制。随着市场成熟度的提高、货币和财政当局对于各方目标立场的熟知和理解,协调机制可以逐渐降低次数,最终转为不定期举行。同时要构建咨询机制,如货币当局采取非常规方式在国债市场操作,如量化宽松,或其金融监管对国债市场造成影响时,需与财政部门就相关问题展开磋商。

(三)操作层面

实践中,货币和财政政策有诸多需要共同关注或协同的领域,包括促进就业与经济平稳增长、保持物价稳定或对抗通货膨胀、维护金融稳定与流动性等,本书聚焦两个政策都倚重的政策工具——国债与国债收益率曲线,深入讨论实际操作中财政部门与货币当局应分别采取哪些行动,以及如何做好政策配合,以便更好地利用国债与国债收益率曲线政策工具,实现多重政策目标。

1. 国债管理中的协调配合

从财政当局角度来看,国债管理涉及赤字融资、债务管理以及现金管理等方面。赤字融资需求决定国债融资规模;债务管理即综合考量国债融资风险和成本;现金管理需要以现金流预测模型为基础,由具有灵活性的国债,尤其是短期国债的发行计划来配合。从货币当局角度来看,国债管理涉及货币发行、信用扩张以及流动性管理等方面。具体到操作层面,本书以政策协调配合具体的实践应用场景来区分,主要包括:国债一级市场与二级市场的协调配合,国债及国库现金管理(含货币投放与流动性管理)方面的协调配合,特殊时期以国债为基础在维护金融稳定方面的协调配合。

（1）在国债一级市场的协调配合。首先，中央银行对于国债发行的支持和配合。在国债一级市场，通常采用公开竞争招标的方式进行国债发行。在现代银行体制下，禁止中央银行对于财政融资的直接信用融资，中央银行通常不能直接参与国债招标，但在持有到期国债情形下，中央银行可采取非竞争性"附加拍卖"的方式进行滚动操作，美联储即采用此方式。此外，在经济处于下行期，私人债务融资受限，国债融资需求增大的情况下，中央银行可通过降准、降息来提高整个金融体系的流动性，从而增加财政融资来源、降低融资成本。其次，共同培育一级交易商，保障国债顺利发行。一级交易商制度是成熟且有效的国债发行制度。一级交易商制度在机构实力、持有国债规模以及做市份额方面均有严格的准入限制。中央银行和财政部同时监督管理一级交易商，设置准入条件和激励条款。同时，财政部定期与一级交易商沟通，通过它们获取市场对国债融资需求等信息。再次，财政部不断丰富国债品种、完备国债期限，为中央银行货币政策操作提供有效的工具。通胀保值国债创设于 20 世纪七八十年代的全球高通胀时期，其与固息国债的利差可衡量市场投资者的通胀预期，为货币政策调控提供合理有效的价格信号。Robert L. Hetzel（2008）指出，沃尔克和格林斯潘领导的美联储的 1/4 个世纪中，在设定联邦基准利率时，虽然没有僵化地固守某个既定的规则，但总体上还是围绕稳定通胀预期而展开。同时，国债期限多样化，也为中央银行逆回购和买卖国债提供了丰富的工具。最后，财政部国债发行常规化，便于中央银行流动性管理和稳定市场流动性预期。常规化的国债发行计划，包括固定的发行频率、短期内发行规模的稳定性（通常是季度内每次发行规模基本相同），可以避免政府短期投机行为，同时为中央银行流动性管理提供稳定的预期。

（2）在国债二级市场的协调配合。首先，中央银行公开市场操作会直接影响对国债的需求，同时，一个完备的公开市场操作机制也需要一个相对成熟的国债市场予以配合。中央银行为了管理金融市场流动性的需要，会在二级市场公开买卖国债，这将对国债供求和价格产生直接影响。尤其在大规模的量化宽松政策的实施和退出过程中，这一影响尤为突出。其次，与国债发行的承销激励联动，中央银行激励一级交易商国债做市，维护国债市场流动性。此外，以国债为抵押品的回购市场是中央银行流动性管理的核心。一方面，市场成员之间通过抵押国债进行回购交易，应对现金的盈缺，满足市场流动性的需求；另一方面，中央银行通常以（逆）回购操作或者再贷款的方式，以高信用等级国债作为抵押，调节市场流动性。

（3）国债及国库现金管理方面的协调配合。传统上，由财政部和中央银行一同对政府收支账户进行维护和管理。中央银行和财政部在国库现金管理配合上主要是共享现金流预测：一方面，中央银行关注国库现金余额变化以及国债发行计划对储备货币与流动性的影响，决定进行货币操作的时间和规模；另一方面，财政部依据收支以及流动性，来制订债券发行计划，同时通过现金管理来降低政府债务成本。

（4）特殊时期以国债为基础在维护金融稳定方面协调配合。一般情况下维护金融市场稳定被认为是中央银行的主要职责，因为金融市场剧烈震荡往往来得毫无征兆，货币政策的调整更加灵活，尤其是可通过预期和前瞻性指引等来预防或减弱金融市场冲击造成的危害。通常，中央银行行使最后贷款人（Lender of Last Resort，LLR）功能对金融机构进行流动性支持和救助，最终实际损失往往由财政部门承担。随着金融市场的不断发展、金融工具愈加丰富，以美联储为代表的几家主要发达经济体中央银行在危机救助实践中也承担了最后做市商（Dealer of Last Resort，DLR）的职能，针对更广泛的金融市场和金融产品进行救助。根本上来说，LLR 重在救助金融机构，DLR 重在通过稳定抵押品价值来维护金融稳定。中央银行对丧失流动性的金融资产或通过直接买卖，或将其作为回购或贴现窗口的抵押品来行使DLR 职能。特殊时期，国债以及联邦机构债也会面临抛售问题。同时，这种操作可能发生的损失最终将由财政资金买单，这也是美国金融稳定监管委员会（FSOC）的主席由财政部长担任的重要原因。中央银行维护金融稳定的主要工具是流动性供给，职能逐渐由 LLR 向DLR 转变中，国债成为极其关键的工具。在中央银行 LLR 职能下，根据"白芝浩原则"，缓解金融恐慌的最佳方式就是为那些缺乏资金的机构提供流动性。通常情况下，中央银行可通过常规贴现窗口向银行部门提供贷款，但其他类型的贷款需要美联储动用应急特权（Bernanke，2013）。在中央银行 DLR 职能下，中央银行对丧失流动性的金融资产提供流动性支持。一方面，对于交易流动性问题，市场卖出压力巨大，中央银行需要以直接买卖方式介入，缓解市场参与者面临的价格风险和信息不对称问题。例如，英格兰银行在 2009 年 2 月引入的商业票据便利（CPF）购买合格商业票据。另一方面，对于融资流动性问题，抵押品价值不确定，中央银行可以将相关资产纳入抵押品范围，开展逆回购或发放贷款，直接弥补市场融资功能的缺口。为了预防逆向选择和道德风险，DLR 的救助对象应尽量选择正常情况下流动性强、规模大且重要性高、信用风险低的市场。同时，需意识到DLR 具有"准财政"功能，应得到财政部门的同意和支持。此外，在金融危机期间，全球主要发达经济体中央银行纷纷采取购买国债等量化宽松政策及国债收益率曲线工具（美国和日本）来维护金融市场稳定。财政部维护金融稳定的工具通常包括提供保险和担保制度，以及发行国债。提供保险和担保制度，便于破产后清算，保护投资者权益，例如日本财政部实施的金融破产制度。危机期间，大量的财政支出需要融资支持，与此同时，大规模发行国债不仅可以满足投资者对安全资产的需求，也为中央银行流动性供给提供了可用于抵押的资产，从而使财政与货币政策密切配合成为可能。

2. 国债收益率曲线建设中的协调配合

一个具有深度、广度和密度的国债市场，既可以增强财政融资来源的稳定性，又能提供合理可靠的资金价格基准，提升货币政策传导效应。只有政策协调配合才能打造健全的国债收益率曲线，一方面便于政府债务管理，财政当局可根据收益率曲线的形态变化和成本风险评估，进行优化的负债组合管理；另一方面也便于常规货币政策的传导，以及特殊时期货币当局的扭曲操作，从而有效解决利率期限传导不畅的问题。如果短端利率受汇率或零下界约束，货币当局可以通过出售短期限国债维持短期利率水平，通过购买长期国债压低长端利率促进消费、投资，在这一过程中一买一卖等量操作还能避免基础货币大量投放与通胀隐患。

财政部和中央银行协调配合，致力于形成健全的国债收益率曲线。一方面，财政当局应通盘考虑国债发行期限的完备，以保障收益率曲线的完整性。同时，实行常规化、市场化的发行机制，利于国债一级、二级市场间的价格保持一致。另一方面，财政部和中央银行协调配合，共同提升国债二级市场流动性。第一，推行国债做市商机制及配套考核评价。部分国家已建立了成熟的一级交易商制度，财政与货币当局同时鼓励交易商做市，将其做市情况与一级发行的承销挂钩，提升国债市场流动性。第二，共同支持以国债期货为代表的国债衍生品市场发展，丰富投资者利率风险管理工具。第三，国债收益率曲线需经财政或货币当局，或由其指定的专业、中立的机构进行编制和维护，在确保编制方法透明与严格质量管控的基础上，支持公开发布，为市场各方提供估值公允参考。第四，在相关法律法规的框架下，常规货币政策操作中货币当局应该通过公开市场操作在二级市场买卖国债，以调节准备金数量。以量带价，通过市场化影响短期货币市场利率，实现政策利率目标，并在此过程中进一步提升国债市场的二级交易流动性。第五，特殊时期，部分主要经济体的货币当局采取非常规货币政策操作，通过量化宽松直接购买国债或在国债市场上买长卖短的扭曲操作等，充分发挥国债的信用压舱石功能，更为直接地将货币政策意图体现在收益率曲线的变化上。

财政部和中央银行协调配合，共同推动曲线深入应用。一是财政与货币当局联合建立国债收益率曲线应用评估小组，推动金融机构、金融工具与金融资产在市场化定价中广泛参考国债收益率基准，将其应用情况纳入金融机构相关考核中。从国内外经验看，国债收益率充当了企业债特别是长期限房贷、企业债券收益率的定价基准，在银行内部资金转移定价及存贷款定价中发挥着重要的基准作用，同时，还与金融衍生品等资产定价挂钩。二是推动货币当局公开市场操作买卖国债，推行货币发行与货币创造向主权信用模式转变，推动建立以国债收益率曲线为中介目标的货币政策框架与传导路径。从国债收益率曲线在政策中的应用情况看，国债收益率曲线被广泛应用于主要国家的货币政策操作框架中，包括收益率曲线管理（控制）、扭曲操作、政策中介目标和政策传导等诸多方面。此外，美国和日本的经验表明，国债供给会影响中央银行收益率曲线扭曲操作和货币政策的效果，所以要达到预定的货币政策操作效果，财政当局必须协调配合。三是重视国债收益率曲线蕴含的前瞻先行信息，持续跟踪分析曲线形态，进一步加强国债收益率曲线在货币政策分析与制定中的应用。

第三节　文献综述与研究方法

一、文献综述

为探讨货币政策和财政政策的关系及两者协调配合的作用机理和实施效果，需将其放在统一的分析框架内。在学界，先后形成了 IS-LM、价格水平财政理论以及主权资产负债管理等多个分析框架和研究分支。

1929~1933 年的大萧条既促成了凯恩斯主义的流行，也开辟了现代宏观经济学，财政和货币政策及其协调配合研究也开始登上历史舞台。Hicks（1937）基于凯恩斯理论，创立了 IS-LM 模型。这个模型将边际消费倾向、资本边际效率、货币需求和货币供给四个变量置于同一个分析框架内，构成一个产品市场和货币市场相互作用、共同决定国民收入与利率的理论框架。在这个框架中货币市场上的均衡利率会影响投资和收入，而产品市场上的均衡收入又会影响货币需求和利率。对财政政策和货币政策的调控原理和调控效力，以及对财政政策与货币政策之间关系的分析，都是围绕 IS-LM 模型而展开的（李扬，2021）。有关 IS-LM 模型的讨论，常见于诸多经典教材，本书将不具体展开阐述和分析。需要强调三点：一是财政政策和货币政策松紧搭配的组合选择是基于 IS-LM 分析框架，但两者对总产出和利率的影响方向有所不同。宽松的财政和货币政策都能增加总产出，但宽松货币政策导致利率下降，宽松财政政策导致利率上升。两者的搭配应基于当时的经济金融形势做出合理选择。二是 IS-LM 模型斜率对货币和财政政策效果具有显著影响，极端情况下，会导致财政和货币政策失效

（易纲等，1998）。三是早期凯恩斯主义更重视财政政策，认为财政政策的有效性高于货币政策。后来凯恩斯主义者逐渐重视货币政策的作用，IS-LM 模型框架也表明了货币的非中性。实际上，1951 年美国财政部—联邦储备系统协议之后，美联储获得了相对完备的独立性，这也反映出各界开始真正认识到货币政策的重要性。

"二战"之后，发达经济体长期推行的凯恩斯主义，虽然在刺激生产和应对衰退方面起到了一定作用，但同时引发了持续的通胀，特别是 20 世纪 70 年代的"滞胀"现象。随之，货币学派开始流行，同时还出现了以卢卡斯为代表的理性预期学派。在此期间，货币政策的重要性进一步凸显。对财政政策与货币政策协调配合的研究主要是货币政策的时间不一致以及通胀倾向问题（Kydland and Prescott，1977；Barro and Gordon，1983），并以此为中央银行独立性提供重要的理论支撑。简单地说，如果决策者过于关注短期利益，低通胀的承诺将难以实现。特别是，如果公众预期低通胀，那么决策者可能会试图通过制造意料之外的短期通胀来实现产出的短期增长。但最终公众会对这种意外有所警觉，其均衡结果是，通胀和通胀预期高于预期，并最终不能获得产出增加的好处（Bernanke，2017）。之后，大量文献研究转到如何降低或者消除货币政策时间不一致所引起的通胀倾向（inflation bias）上，包括声誉模型（Barro，1986）、通胀持续模型（Ball，1995）、通胀目标制（Svensson，1997）以及新凯恩斯一般均衡模型（Yun，1996）等。在货币政策从属于财政政策时，通胀倾向更容易发生。因此，货币政策的独立性以及可信度变得尤为突出，这也令相关理念逐渐被全球主要中央银行所采纳。

自 20 世纪 80 年代末以来，物价水平财政理论为研究财政政策与货币政策协调配合提供了丰富的内涵。通常而言，维持物价稳定是中央银行的首要目标和重要职责。然而，在实践中，财政持续扩张通常伴随着通胀水平的高涨，物价水平财政理论随之兴起，并形成较为完善的理论体系。1981 年，Sargent 和 Wallace 考虑到政府预算约束对价格决定产生的影响，第一次使用了政策被动和主动的概念。名义利率对通胀充分反映的货币规则称为主动型货币政策（AM，名义利率对通胀缺口反应系数大于等于 1）；反之为被动型货币政策（PM）。非致力于保持政府债务稳定性的财政政策规则称为主动型财政政策（AF，即政府税收对债务水平的反应系数较小）；完全致力于政府债务可持续性的财政政策为被动型财政政策（PF）。根据 Leeper（1991）和 Woodford（1995）的分析，物价水平财政理论可分为李嘉图体制（Ricardian Regime，R 体制）和非李嘉图体制（Non-Ricardian Regime，NR 体制）。其中，在 R 体制下，政府跨期预算方程在任何价格路径下都成立，称为弱势价格水平财政理论。在 NR 体制下，政府跨期预算方程只要求在均衡条件下成立，称为强势价格水平财政理论。在 R 体制下，只有在一者主动、一者被动即 AM/PF 或 PM/AF 的组合下，经济体才存在稳态均衡解。如果中央银行实行独立且可信的通胀目标值，且财政部门接受中央银行主导政策，传统的货币数量论就成立；然而，在财政主导的经济体中，财政的任意性导致债务需要用铸币税来偿还，财政政策通过货币途径对价格水平产生一定的影响。在现实中这两种情况在不同国家以及同一国家的不同时期是普遍存在的。在 NR 体制下，两种政策都是主动的，单独的货币政策不能影响价格，价格最终由两者共同决定。在对中国的实证研究中，学者验证了中国实行的是 R 体制，且历史上大部分时间采取的是 PM/AF 的政策组合（卞志村，2017）。

20 世纪 80 年代以来，随着全球公共债务（国债）水平的急剧增加，各国政府急需提升债务管理能力。由于公共债务管理目标与财政政策和货币政策之间存在利益冲突和权衡，公共债务管理逐渐从财政政策与货币政策中分离出来，形成了一套包含工具、目标、策略的政策体系。在此背景下，学者将公共债务管理纳入一个更广泛的宏观经济分析框架——主权资产负债管理，分析公共债务管理政策、财政政策和货币政策之间的关系。传统上，公共债务管理从属于财政政策与货币政策。对于财政政策而言，稳健的债务管理通过控制融资成本的波动既可以确保短期的财政空间，又能控制长期的财政风险。对于货币政策而言，公共债务管理也是中央银行货币政策实施（公开市场操作）中需关心的问题。公共债务管理的文献也是由支持货币政策或财政政策发展而来，比如公共债务管理在解决财政税收平滑（tax smoothing）以及货币政策时间一致性问题上的作用（Barro，1995；Calvo and Guidotti，1990）。随着公共债务管理政策的分离，三大政策形成了对应的目标和职责：公共债务管理的目标为在一定的风险范围内，使中长期政府融资和偿还债务的成本尽可能小；财政政策的目标为实施稳健的预算政策，以稳定产出、优化资源分配和收入分配，同时减少政策扭曲效应；货币政策的目标为实现物价和产出的稳定（Togo，2012）。在主权资产负债管理分析框架下，当政府资产和负债的金融特征相匹配时，资产负债表风险最小。对于公共债务管理来说，设计债务结构，使财政基本赤字时政府债务成本减小、财政基本盈余时债务成本增加，有助于减少衰退和危机时的债务风险。因为这样可以使总财政预算的波动尽可能小，充分发挥财政自动稳定器的功能。同时，有学者指出，在政府预算约束的情况下，无协调配合的政策最终会导致政策组合不一致。

此外，Laurens 和 Piedra（1998）等对财政政策与货币政策协调配合的政策实务做了讨论，认为财政与货币政策的协调配合主要集中在宏观、机制操作两个层面，核心是赤字融资及其对货币管理的影响。宏观层面，中央银行与财政部各自追求的政策目标不同是导致财政政策和货币政策不协调的主要原因。为避免政策一方由于自身目标而过度干扰另一方，国际上主要经济体从法律法规、制度上制定了一系列规则，比较成熟的做法有：一是设置预算平衡或赤字限制，对政府支出和赤字进行适当安排，控制政府债务规模，避免政府肆意发债引起的货币扩张干扰中央银行的通胀目标。欧洲的《马斯特里赫特条约》（1991）和《稳定与增长公约》（1997）规定，一国的财政赤字率不得高于3%，政府负债率（债务余额/GDP）不得高于60%，否则不具备加入欧元区的条件。二是限制中央银行对于政府的直接融资，避免直接融资增加中央银行的货币储备投放压力，预防通货膨胀压力；但中央银行可以对政府采用间接融资的方式，在二级市场利用政府债券进行公开市场操作、允许在向银行提供的贷款中以政府债券作为抵质押品。机制操作层面，IMF 提到，在政策组合框架下制定货币计划，对货币供应量进行定期预测、对中央银行资产负债表的操作制定相应计划。在日常操作中，国库现金管理、国债发行的规模和时机以及对流动性的预测等，是政策密切配合的重要环节。政府现金管理上要将现金余额存放到中央银行设立的独立账户中，实现对政府现金流的信息共享。中央银行将政府现金流作为决定货币政策时机和规模的关键。李扬（2021）指出，财政政策和货币政策协调配合的关键还在于建立统一、协调的国债管理政策。国债与货币供给的联系机制是双向的。一方面，只要具备货币制造能力的机构购买了国债，债务的货币化就现实地发生了；另一方面，上述联系主要体现在中央银行储备货币发行机制的主权信用模式上。

二、研究方法

就研究方法而言，对财政政策与货币政策协调配合的研究主要有VAR 类模型、博弈论方法以及动态随机一般均衡（DSGE）三种方法。此外，近年来，基于主体的计算经济学（ACE）模型也逐渐兴起，成为新兴的第四种方法。其中，VAR 类模型主要通过脉冲响应函数来分析财政和货币政策冲击对经济金融指标的影响。该模型简单，但存在缺乏微观基础以及未考虑理性预期等缺陷。博弈论方法通过设定各部门的福利损失函数，求解财政政策和货币政策在不同协调机制下的最优政策规则。DSGE 方法在既定政策规则情况下研究财政及货币政策的宏观经济波动效应，进而依据经济波动情况研究政策协调方式及政策工具组合。DSGE 方法是当前宏观经济学主流的研究范式。但其以代表性微观主体的建模方法为基础，忽视了个体存在的异质性及相互作用。ACE 模型自下而上，对微观主体的属性、行为、互动建模，进而模拟出宏观层面的系统动态。ACE 模型可以刻画主体异质性、有限理性以及主体之间的相互作用。然而，到目前为止，ACE 模型往往聚焦于单独的财政政策和货币政策，且对宏观经济政策研究的结论相对简单，大多结论局限于内生性地刻画经济波动的特征。

本书的模型研究聚焦于财政和货币政策及其与国债收益率曲线的关系。对于该问题的研究，我们采用马尔科夫转移机制下的向量自回归模型，即 MS-VAR 模型。选择此模型是基于以下方面的考虑：第一，基于政府预算约束的博弈论方法更多应用于定性分析。第二，DSGE 方法和 ACE 模型主要根据不同政策选择（政策参数）对主要宏观经济变量指标大小和波动特征的影响，集中探讨最优政策组合问题。第三，与现有研究直接采用 VAR 类模型不同，本书考察不同政策体制下，主动或被动的政策配合对国债收益率曲线的影响。第四，财政和货币政策的规则与物价水平财政理论中的政策规则不同。物价水平财政理论的货币政策通常采用 Talor 规则或其变形。但部分文献指出，在社会福利损失最小的情况下，Taylor 规则通常不是最优规则，甚至是较差的规则（Faia，2008）。同样，在实践中，大部分中央银行货币政策也未必严格按照 Taylor 规则实施。以美国为例，现实中，物价和就业均为美联储的主要政策目标，但在 Taylor 规则中关键的变量为物价和产出，并未考虑就业指标。因此，本书在设定美国货币政策规则时，参考 Faia（2008）的结果，充分考虑了物价和就业两个因素；在设定中国货币政策时，因就业数据缺失，则考虑物价和产出两个因素。在设定合适的财政政策和货币政策规则后，本书通过马尔科夫模型来识别政策体制（主动／被动的财政／货币政策），在此基础上，采用 VAR 类模型，研究不同政策体制下，财政和货币政策及其协调配合与国债收益率曲线的关系。

第二章　国际经验与启示

第一节　美国

一、宏观调控上的配合

大萧条至"二战"期间，美国政府主要通过财政政策刺激来提振总需求，中央银行事实上已让渡货币主导权，通过货币投放来支持财政政策；20世纪60年代初期，美国经济出现了严重的衰退，黄金储备外流，美元大幅贬值。为保卫美元，同时维持经济增长，美联储首次实施了调节收益率曲线的扭曲操作；面对20世纪70年代的滞胀困境，凯恩斯主义既难以给出合理解释，又无法提供现实的解决方案，其关于政府加强对经济干预的主张反而被认为是造成滞胀的主要原因，理论界开始对凯恩斯主义进行反思。在财政政策与货币政策配合中，转而采用以货币主义和供给学派为基础的混合经济政策，宏观调控逐渐从倚重财政政策转向强调通过货币政策维持正常的经济秩序。

2008年以来的后经济危机阶段，美国财政政策与货币政策协调配合方式更为灵活。既可同向搭配，也可逆向搭配，二者通过国债市场来共同维护金融市场稳定、对抗危机。在次贷危机、新冠疫情等导致的经济下行期间，美国政府采取财政与货币政策双宽松的模式进行逆调节，以刺激经济复苏。在恢复期，经济逐渐从衰退中走出，但仍面临着很大的不确定性。这时，财政一般会保有一定的宽松空间，以维护企业平稳运营，而货币政策则略微紧缩以避免经济增速过快，"松紧"搭配的政策经常被采用。灵活的财政货币配合方式既能比较有效地刺激经济，还能防止经济过热、资产价格膨胀。

二、配合的机制安排

（一）目标与职责的确立

1. 中央银行目标

美国《联邦储备法》明确美联储的货币政策目标为"充分就业与物价稳定"。美联储有三个明确的职能，一是促进宏观经济稳定，二是促进金融稳定，三是进行金融监管。涉及货币政策的主要是前两个职能，其中，前者的主要工具是常规性货币政策工具，而后者的主要工具则是在危机时刻提供流动性的各种政策工具。

2. 财政政策目标

美国财政部的使命是通过促进国内外经济增长和稳定维持美国经济的强势地位，并以此创造经济和就业机会，通过积极应对各种威胁和保护金融体系的完整性来强化美国的国家安全，有效管理美国政府的财政和资源。美国政府发行国债是财政筹资的重要手段，而美国财政收支长期保持逆差，联邦政府债务也水涨船高。从理论上说，主要通过征税和发行国债两种方式为政府财政开支筹资、弥补财政赤字。然而，在实际运行中，由于牵扯各方利益，提高税率和增加新税种一般难以施行，因此发行国债最终成为政府新增筹资的主要手段。

3. 中央银行与财政部的关系

美联储的货币政策的独立性并不是绝对的，而是相对的。当下，美联储已不同于一般的行政管理部门，有权独立制定货币政策，在管理金融、调节经济方面具较强的独立性。但美联储仍受国会监督，对国会负责，必须在政府制定的总体经济和金融政策框架下制定货币政策。

美联储与财政部协调配合稳定美国经济，美联储充当政府的银行，处理交易。当政府需要筹集资金时，美联储和财政部也会密切合作。美联储代表财政部进行国债拍卖。

美联储也为财政部提供低利率的发债环境，减轻财政部的偿债压力。美联储实施量化宽松降低国债收益率，使财政部付息成本下降。美联储通过量化宽松等政策持有大量美债，相应地，财政部需要就这些债务付给美联储利息，但这部分利息收入大部分最终会以盈利缴纳的形式返还给财政部。由此可见，美联储是美国财政政策的重要参与者，美联储不仅积极参与财政的融资过程，而且还充当政府的银行，并最终将获取的部分收益留存在财政金融的整体循环中，交由财政支配。

（二）信息交流共享机制

1. 金融稳定监管委员会（FSOC）

《多德-弗兰克法案》设立了全新的金融监管机构——金融稳定监管委员会，该机构直接向国会负责，以促进监管协调，维护金融稳定并防范系统性金融危机的发生。FSOC 由 15 名成员构成，其中包括财政部长与美联储主席。FSOC 及其下设的各委员会实行会议决策制，经委员会主席或多数成员提议可召开会议，且每季度不得少于一次，会上对相关问题进行讨论并形成各项决策，按程序表决通过后付诸实施。

2. 财政部借款咨询委员会（TBAC）

财政部借款咨询委员会是一个受《联邦咨询委员会法》和《政府证券法》管辖的咨询委员会。TBAC 的成员由来自各种买卖方机构的高级代表组成，如银行、经纪自营商、资产管理公司、对冲基金和保险公司。纽约联储等中央银行相关人员也会出席会议并就相关问题发表意见、参与讨论。该会议对整体国债市场和税收状况进行分析，提出下季度国债发行的建议；会上委员们也针对国债市场的近期发展、国债管理的技术问题进行讨论。

3. 国债市场会议

为了更好地了解国债市场当前结构和流动性演变的关键因素，美国财政部、美联储理事会、纽约联邦储备银行、美国证券交易委员会和美国商品期货交易委员会召开国债市场会议，探讨一系列问题，以关注美国国债市场的持续发展。会议在纽约联邦储备银行举行，自2015 年开始每年举行一次。

（三）货币发行机制

美国货币发行机制以主权信用模式为主。美国中央银行"以债为锚"的基础货币投放机制已十分成熟。完善的国债市场不仅为货币发行奠定了稳定的价值基础，也为国债定价奠定了合理的基础，并且，庞大的国债存量也为货币政策及金融市场的流动性管理提供了广阔的空间。

由于金融危机和新冠疫情，美联储总资产中国债规模占比迅速上升。在金融危机期间，为了维护金融市场的稳定，美联储被迫大量购买被市场抛售的抵押支持证券（MBS），美联储持有国债占自身总资产之比由危机前的91.5%下降到2008年底的21.2%。随着MBS市场逐渐平稳，美国金融稳定的压力迅速缓解，但经济低迷的压力依然存在。美联储不得不大量购买国债，特别是长期国债，通过大量购买长期国债及扭曲操作降低长期国债收益率，希望以此刺激经济复苏。这就令美联储总资产中的国债占比持续上升，疫情之前，国债占比已达到55%左右。新冠疫情暴发后，为应对疫情，美国政府发行了大量国债，美联储继续通过购买国债投放流动性，并以此压低收益率曲线的水平和斜率，两年内，美联储总资产中国债占比从56%升至64.48%。但不同于金融危机时期，在本次疫情冲击中美联储同样加强了短期国债的购买，长短期限国债几乎等比例上升（见图2-1）。

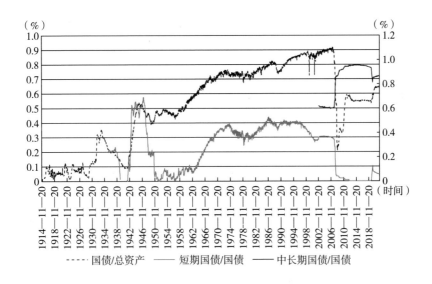

图2-1　美联储总资产中国债占比

资料来源：美联储。

美国国债市场拓宽了财政融资渠道，降低了财政支出对税收的依赖。2014 年以来，美国的国债收入（当年国债发行减去国债到期）在财政支出中占据了越来越多的份额。财政支出中税收的占比已由 2014 年的 4.41%上升到 2020 年的 32.63%，这从另一个侧面表明，财政支出对税收的依赖程度有所下降（见图 2-2）。

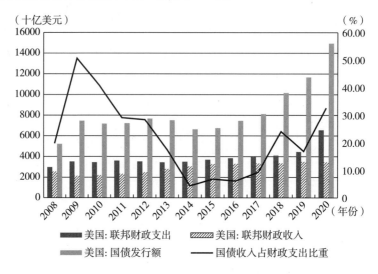

图 2-2　美国国债收入占财政支出的比重

资料来源：美国财政部。

美国国债强化了美国在全球经济和金融体系中的垄断地位，形成了美国贸易逆差—美元—美国政府债务的闭循环。在美国国内，不断增长的债务令美联储通过大量买卖政府债务进行公开市场操作成为可能；国际上，美国贸易逆差使得顺差国形成了大量的外汇储备，由于美国国债是全世界最安全的资产之一，各顺差国纷纷购买进行投资，而美国不断增长的债务规模也给这一美元循环提供了可能，最终，通过贸易逆差流出的美元又通过政府债务的方式回到美国政府手中。美联储为外国和国际货币当局设立了回购协议工具（FIMA Repo Facility），该工具允许 FIMA 账户持有人与美联储签订以美国国债为抵押品的回购协议。在这些交易中，FIMA 账户持有人可以暂时将其在美联储持有的美国国债换成美元，然后将这些美元提供给其管辖范围内的机构。显然，这一美元流动性救助工具，在强化美元霸权地位的同时，也提升了美债的可接受程度，最终目的是强化美国在全球经济金融中的垄断地位。

（四）债务管理机制

1. 美国债务管理机构的设置与配合

联邦债务管理涉及政策制定、发行计划、操作实施等一系列机制安排，财政部负责政策顶层设计，债务管理办公室在政策指导下设计具体实施方案，美联储则是按照具体计划操作执行、维护簿记系统。具体分工如下：财政部分管金融市场的部长助理负责联邦债务管理的政策制定。债务管理办公室负责执行债务管理政策、制定和发布国债发行计划。每一季度，债务管理办公室都会公布此后六个月的具体筹资方案，包括债券发行的公告日（公布发行额）、拍卖日和缴款日。美联储是美国财政部的财务代理人，主要任务是：根据美国财政部的全年发行计划，代替美国财政部组织具体的拍卖和销售；负责统计市场信息，必要时向一级交易商融资，确保一级市场成功发行和二级市场流通渠道的畅通；与美国财政部共同监管国债二级市场（见图 2-3）。

2. 债务上限是美国政府债务的主要约束机制

债务上限是美国国会为联邦政府设定的为履行已产生的支付义务而举债的最高额度，触及这条"红线"就意味着美国财政部借款授权用尽。美国债务上限历程大致分为三个阶段。第一个阶段，1917 年美国债务上限机制确立之前，每次债券发行国会必须在单独的立法中批

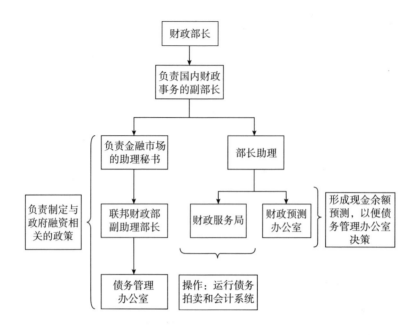

图 2-3　财政部债务管理机构

资料来源：美国财政部。

准。第二个阶段：1917~2013 年，美国确立债务上限机制，以简化国债发行流程，提高借贷灵活性，并定期检视政府开支状况。美国国会研究服务局的数据显示，自"二战"结束以来，美国国会已修改债务上限 98 次。第三个阶段，2013 年以来，美国国会更多选择暂停债务上限，即设置时限暂停债务上限生效，允许财政部在此期间不受限制地发债。2013 年以来，美国国会已 7 次暂停债务上限生效。

在触及债务上限的情况下，短期可以通过非常规措施和财政部在美联储的现金账户（TGA）余额等临时举措来过渡，但要想真正解决问题仍然需要提高或暂停债务上限。非常规措施包括停止对联邦雇员退休金的滚动投资、停止对外汇稳定基金的滚动投资、停止对公务员及邮政基金的新增投资等。真正解决债务上限问题需通过常规立法程序或者预算和解程序来提高或暂停债务上限。

3. 美国债务管理的主要目标是政府筹资成本的最小化，债务管理需要做到两点：最低成本与常规可预测性

从历史上看，流动性强的市场会令证券获得一定流动性溢价，从而节约更多的成本。国债的最低发行水平这一安排就有助于保持国债市场的流动性。

美国债务规模不断扩大，却从未发生债务违约，财政部与美联储之间的协调配合功不可没。一方面，从利息偿还角度看，美联储实施量化宽松政策购买政府债券，通过信号传递和控制期限溢价来压制债券收益率，为财政部提供了低利率的发债环境；另一方面，美联储大规模扩表、购入美债，财政部给美联储支付利息，但这部分利息收入大多又会通过盈利上缴的形式返还给美国财政部。

三、操作层面的配合

（一）国债市场建设

美国的国债市场要素包括：国债品种和期限结构、国债发行机制、一二级市场和基础设施建设等方面。建立完善的国债市场是维护金融市场稳定、保证市场流动性的基础。美国国债市场建设基本情况见表2-1。

表2-1　美国国债市场建设的基本情况

	美国国债市场基本情况
国债品种	短期国债 Bills、中期国债 Notes、长期国债 Bonds、通货膨胀挂钩债券 Tips

	美国国债市场基本情况
国债期限	从存量来看，中期债券存量最大，美国将一年（52 周）以下（含 52 周）的国债归为短期国债，称为 T-Bills；将一年至十年以下的国债归为中期国债，称为 T-Notes；十年期以上（含十年期）归为长期国债，称为 T-Bonds。截至 2022 年 5 月，短期国债余额占比约 17%，中期国债余额占比约 58%，长期国债余额占比约 15% 从发行量来看，短期国债始终占据着重要地位。从 1980 年至今，短期国债发行额占总发行额的比例平均为 74.8%。2008 年次贷危机、新冠疫情危机后，美国政府更是大幅增加了短期国债的比例。一方面，短期国债筹资可以更加灵活，方便政策退出；另一方面，危机后美联储通常会降息，而短期国债利率更贴近基准利率，能够跟随政策利率保持低位，因此增发短期国债可大幅压低利率成本
一级市场	美国国债发行方式主要是认购和拍卖两种。其中认购主要用于不可转让国债，拍卖主要用于可转让国债。美国采用预发行与续发行制度，预发行制度有利于完善"价格发现"功能；续发行制度有利于提高国债流动性，并能形成有规律的到期期限，方便债务管理
二级市场	美国国债二级市场交易实施的是做市商制度，采取"自愿做市"，做市商数量众多。一级交易商制度，美联储对一级交易商进行准入管理。美国的国债一级交易商在为财政部发行提供支持服务的同时，也是美联储公开市场操作的主要对手方。国债发行和公开市场操作对手方的角色在理论上是分割的，但是国债一级交易商在两个部门的深入介入，有助于中央银行和财政部关系融洽、密切合作，共同实现财政政策和货币政策目标
国债市场基础设施	清算、结算、支付是美国国债市场金融基础设施核心（基石+主体）。结算主要涉及证券结算系统和中央证券托管两部分。历史上美国曾有 7 个托管机构，随着成本高、效率低等弊端逐步显现，中央托管机构整合步伐加快。目前，从前后台布局看，美国呈现后台统一、前台分散的特点。几乎全美国证券都由清算公司（DTCC）负责清算和结算

资料来源：美国财政部。

1. 以国债为基础的流动性管理

2008 年国际金融危机之前，美元在岸流动性市场以联邦基金市场为核心，商业银行在联邦基金市场中进行准备金的拆入与拆出，其利率为联邦基金利率（Fed Fund Rate，FFR）。联邦公开市场委员会（FOMC）会对 FFR 设定一个目标值作为货币政策工具，美联储可以通过调节银行准备金的数量来保证 FFR 达到其设定的目标。商业银行主导了在岸和离岸的货币市场交易，FFR 是整个利率体系的重要基准。

2008 年国际金融危机之后，美元流动性市场的结构发生了显著变化。从交易量来看，近十年以来，美元流动性市场实际上出现了萎缩。根据证券和金融市场委员会（SIFMA）的统计数据，2008 年交易规模高点约为 8 万亿美元/日，2008 年国际金融危机至今，交易规模最高时接近 5 万亿美元/日。目前，FFR 市场已经失去了核心货币市场的地位，当前日均交易规模降至仅为 600 亿~700 亿美元。参与者结构十分单一，联邦住房贷款银行（FHLB）几乎是唯一的资金拆出方，而融入方则几乎全是外国银行的美国分行。自 20 世纪 80 年代以来，美国债券市场迅速发展，资产抵押证券发展尤其迅猛。债券市场规模的迅速扩大，促使以债券为抵押品的回购融资迅速增长。2008 年国际金融危机之前，回购市场的抵押品很大一部分是资产抵押证券，包括基于次级贷款形成的各类证券化资产，2008 年国际金融危机的爆发一度使以资产支持证券为抵押品的流动性市场陷入崩溃。危机过后，流动性市场开始重整，国债在抵押品中的占比超过了 70%。多轮量化宽松使得银行体系内存有大量的准备金，充足的头寸加上美国的严格监管，使得银行机构大量退出回购市场，交易商与货币基金成为回购市场的核心中介。2021 年全球美元流动性市场发生了一个重要转变——LIBOR 利率已被逐渐弃用，取而代之的是 SOFR，即回购市场利率的加权平均利率。这意味着全球美元市场的定价基准将从无抵押的信用融资利率转向有抵押的回购融资利率。这一转变实际上是金融市场适应流动性市场机制变化的一种自然反应。

货币债权的视角有助于我们更为深入地理解流动性市场。这一概念将货币工具分为两层——抵押品属性和卖权（Put）属性（见表 2-2）。第一层即抵押品属性，根据货币工具的抵押品是公共资产还是私人资产来进行判断。第二层即卖权属性，其相当于期权中的卖权看跌保护。卖权又可以分为流动性卖权（Liquidity Put）和信用卖权（Credit Put），流动性卖权是指当金融机构发生流动性危机时，外部机构通过资产购买的形式为其提供流动性支持，这部分流动性救助被称为流动性卖权。信用卖权是指当金融机构发生流动性危机时，外部机构通过信贷的形式为其提供流动性支持，这部分流动性救助被称为信用卖权。卖权可以来自公共机构（财政和中央银行），也可以来自私人机构。

根据不同的抵押品和卖权组合，将货币债权分为以下四类：第一类是公共货币债权，主要包括现钞、存放在中央银行的准备金和短期国债。美元现钞的发行基础是国债，其抵押品具有公共属性，同时，由于财政部和美联储发行的资产均为最高安全等级的资产，他们既作为公共卖权的提供方，又充当公共卖权的获取方。公共货币债权是所有安全资产中安全等级最高的资产。第二类是私人—公共货币债权，主要指被保险覆盖的银行存款，虽然其仍然以银行的私人信贷资产为基础，却被公共流动性卖权和公共信用卖权以最后贷款人和存款保险的形式所直接担保。第三类是公共—私人货币债权，主要包括由交易商发行的以政府债券为抵押的回购，以及政府型货币基金发行的资产净值份额。这类货币债权是私人的活期存款或到期足额兑付承诺，其以公共资产为抵押，但并没有任何公共卖权作为担保。这类回购的抵押资产没有信用风险且可以在公开市场上交易，因此被视作具有间接的公共流动性卖权和间接的公共信用卖权担保，从而，这种货币债权也被称为"公共影子货币"。这部分货币债权也正是当前影子银行体系的业务重点。第四类是私人货币债权，主要包括由交易商发行的私人资产（如 CD、CP）作为抵押的回购，以及优先型货币基金发行的资产净值份额。私人货币债权是私人的到期足额兑付的承诺，由私人资产作为抵押，其不具备直接或者间接的公共卖权，这种货币债权也被称为"私人影子货币"。另外，这类货币债权中还有一种形式也值得一提，就是未被保险的银行存款，其同样属于典型的私人货币债权，但这并不属于影子银行的分析范畴（见表2-2）。

表2-2　货币债权的分层结构

货币债权的分层（抵押品/卖权）	
公共货币债权	现钞、准备金和短期国债
私人—公共货币债权	有保险的银行存款
公共—私人货币债权	国债为抵押的回购、政府型货币基金的净值份额
私人货币债权	以私人资产为抵押的回购、优先型货币基金的净值份额，未被保险覆盖的存款

资料来源：胡志浩和叶骋（2021）。

事实上，在2008年国际金融危机之前，影子银行就已经得到了迅速发展。但是，当时的货币债权形态大部分是私人货币债权，以私人证券化资产作为抵押品的回购和优先型货币基金迅速膨胀，这导致次级抵押贷款崩溃之后，整个金融体系几乎陷入瘫痪。2008年国际金融危机之后，影子银行逐渐从私人货币债权中撤离出来，转而大量积聚在公共—私人货币债权上。实际上，这一转变意味着货币债权安全等级的提升，的确有助于提升流动性市场的安全性，与此同时，市场内在的不稳定性并未能根本消除。但无可争辩的是，美国国债在整个美元流动性市场中的核心地位已达到前所未有的高度。

2. 以国债为基础的金融市场稳定

2008年金融危机爆发以来，二级市场购买国债演变为零利率约束下的非常规量化宽松工具。次贷危机后，非常规货币政策使"准备金短缺"框架难以为继。美国短期利率已降至极限，货币政策对长期利率的传导机制在原有框架下开始失效，美联储不得不启动非常规的量化宽松货币政策。根据美联储官网显示，2008 年金融危机期间，其先后实施了 4 轮量化宽松政策刺激经济。第一轮量化宽松以购买国债和 MBS 为主，规模为 1.7 万亿美元；第二轮量化宽松以购买国债为主，规模为 6000 亿美元；第三轮量化宽松政策主要为扭曲操作，购买 4000 亿美元 6 年期至 30 年期国债，并在同期出售相同规模的 3 年期或更短期的国债；第四轮量化宽松决议每月购买 450 亿美元的长期国债。2020 年新冠疫情发生后，美联储两次紧急降息将利率降至 0，推出规模为 7000 亿美元的量化宽松政策，并于 2020 年 3 月 23 日启动无限量量化宽松政策。以国债购买为基础的量化宽松政策，使市场保持充足的流动性，同时也压低了国债收益率，降低实体经济融资成本，以防止系统性金融危机的发生。

加强短债发行与使用，可以令政府在危机时刻增加融资渠道、降低融资成本，同时也为美联储管理市场流动性提供了重要的基础。为对抗此次新冠疫情，美国财政部大幅增加短期国债发行。仅在 2020 年 4 月，财政部就发行了 1.3 万亿美元的短期国债，超过了 2007 年底至 2019 年底的累计发行量。短期国债的发行是发行端与投资端双重需求共同作用的结果。一是财政部为了迅速筹集抗疫资金，不得不紧急发行国债，相比中长期国债，短期国债更加具有成本优势。二是市场对于短债的需求迅速增加。为了增强货币市场的流动性，美联储启动了货币市场基金流动性工具（MMLF），美联储通过抵押的形式向合格金融机构提供贷款，金融机构提供从货币市场共同基金购买的高等级资产作为担保，其担保品主要为短期国债、政府担保债券等。

（二）国库现金管理

美国曾经长期采用目标余额制灵活开展国库现金管理。财政部为联邦政府设置的国库单一账户叫作国库一般账户（TGA），美国财政部通过 TGA 管理政府现金，满足政府的日常资金需要，同时为在意外情况下出现的临时资金需求提供保障措施。金融危机前，美国财政部在中央银行账户采用目标余额制，日终现金余额基本保持在 50 亿美元左右。其余大量现金和税收收入则存入几家大型商业银行"税收与贷款账户"（TT&L）。这样，一方面可以确保各种未预料到的或突发性的支出需要，另一方面还可以获得中央银行为这部分余额支付的利息或提供的投资收益。金融危机后，联邦利率降低，TT&L 账户收益率接近零，因此 2012 年起 TT&L 账户余额降至零，库存现金全部存入 TGA 账户。

目前美国联邦国库现金管理工具主要包括短期债券融资国库券、国库现金管理券和买回国债。美国财政部的短期债券融资主要有两种：定期发行的国库券和不定期发行的国库现金管理券。短期债券融资既能满足国库现金管理调节资金的需求，还能满足债券市场流动性需求，进一步完善国债收益率曲线。其中，国库现金管理券是由美国财政部发行的短期债券，期限多为三至四个月。与国库券不同的是，国库现金管理券并非定期发行，而是在联邦政府库款出现头寸短缺时发行。同时，国库现金管理券存在最低投资金额限制，因此仅会出售给机构投资者。买回国债指美国财政部会在盈余大于支出时买回在市场上流动的未到期的国债，以降低政府融资成本。

国库现金管理中，美国财政部与美联储已形成了一系列的沟通协调机制。其中，财政部负责管理决策，纽约联储管理国库总账户，提供资金清算等服务。双方职责分明，财政部独立负责国库现金管理的决策，美联储负责对国库现金管理引起的市场流动性变化进行对冲性的公开市场操作。由于国库余额的大幅波动会导致基础货币的供应波动，美国财政部与美联储必须紧密合作，充分进行信息的交流和共享，保障国库现金管理与流动性管理平稳进行。

这里特别值得指出的是，如何正确理解美国国库现金管理方式的变化。次贷危机之前，美国财政部的现金管理采取目标余额制度，日均 TGA 存款余额大约为 50 亿美元。这一安排主要出于两点考虑：一是便于货币政策独立操作，不让财政资金的吞吐影响到联邦基金利率的稳定；二是让闲置的财政资金进行投资获取收益。

危机后，上述两个作用均发生了变化。量化宽松从根本上改变了货币政策的操作框架。一方面，美国的利率调控机制已将准备金存款利率和隔夜逆回购利率确定为利率走廊的上下限，美联储利用走廊的机制将联邦基金目标利率稳定在利率走廊之内；另一方面，量化宽松之后，市场接近零利率，财政部失去了将资金投放到市场上去谋求收益的动力。疫情冲击使得量化宽松再次升级，这使得上述美联储货币政策结构的影响愈发明显。国债大量发行累积的资金，在支付节奏无法匹配的情况下，财政存款最高时突破 1.8 万亿美元。

2022 年以来，为了应对通胀压力，美联储持续加息，短端利率已经迅速上升，财政部依然在 TGA 中保留了大量现金。究其原因，在现行利率走廊机制下，财政与货币的统账考虑应该是关键。如果财政部将 TGA 的资金投向市场来获取收益，最终资金会归集在准备金账户或者隔夜逆回购账户，而这两个账户最终都需要美联储支付利息。而美联储每年货币政策操作的利润 90%需上缴财政，如果出现亏损还需要财政进行补贴。考虑两本账的统一，财政部最终选择将资金留在 TGA 中，还能减少操作的成本。但即使如此，财政部 TGA 账户支出的进度，仍然会与美联储保持密切沟通，以便双方政策操作配合。

上述变化表明，无论在哪种制度环境下，国库现金管理与货币政策都存在着紧密的联系，而库存资金目标余额制对于处在常规货币政策环境下的经济体仍然具有极大的借鉴意义。

（三）国债收益率曲线建设

在国债收益率曲线的建设工作中，财政部是收益率曲线的官方编制机构，编制使用单调凸法推导出的面值收益率曲线。收益率曲线利率通常在每个交易日 18：00 之前在财政部利率网站上公布。

国债收益率曲线在货币政策框架中的应用包括以下四个方面：

一是货币政策正常化时期国债收益率曲线的政策应用。2008 年金融危机前后，美联储政策框架发生了重大变化，危机前利率空间充足和准备金稀缺范式已转变为危机后的零利率下界约束和准备金充裕范式。危机前货币政策正常化时期，美国国债在公开市场常规操作中是最重要的债券品种，美联储通过公开市场操作买卖国债向金融系统中投放或回笼储备货币，调节准备金供求，以此引导短期政策目标——联邦基金目标利率运行，进而通过利率传导机制向实体利率传导。这一过程中，3 个月期国债收益率紧密贴近联邦基金目标利率，成为实际上的影子中介目标利率，国债买卖是货币政策工具箱中的重要政策工具，政策效果依赖于无风险的国债收益率曲线基准向实体利率体系传导，国债收益率曲线是构成"最终目标—中介目标—工具—传导机制"货币政策框架下的核心环节。

二是两次实施国债收益率曲线扭曲操作。美联储分别在 1961 年和 2012 年前后采用了国债收益率曲线扭曲操作，即持续购买 6~30 年的长期国债以压低长端国债收益率，同时等量出售短期国债，最终使得曲线形态扁平化。由于在利率期限传导不畅的背景下货币当局希望政策效果直达长端利率,以促进消费、投资和经济增长,美联储被迫通过直接购买长期国债来压低长端利率,同时,短端利率受汇率或零利率下界约束,美联储又不得不通过出售短期国债维持一定的短期利率水平,另外,一买一卖等量操作(对美联储资产负债表中性)还可避免基础货币大量投放与通胀隐患。需特别指出,美联储曲线扭曲操作的政策效果往往需要美国财政部的协调配合。

三是国债收益率曲线在货币政策分析与制定中的应用。国债收益率曲线的形态或斜率常被认为是经济运行的先行指标,历史上曲线倒挂常被认为是经济衰退预警,国债收益率曲线也因此在货币政策分析与制定中被深入应用。经济繁荣或衰退与国债利率都是较为内生的结果变量,它们之间更多的是简化的统计相关关系,但正如一系列研究成果所指出的 [Estrella and Hardouvelis (1991); Estrella and Mishkin (1996, 1998); Wright (2006) 等],历史上 3 个月国债利率与 10 年期国债利率的利差与经济前景展现出稳定的相关关系,负利差或曲线形态倒挂与经济衰退显著相关。期限倒挂意味着短期内货币政策收紧和短端利率大幅上行,这将对未来一段时期内经济运行预期产生负面影响。长短端利率倒挂首先会直接抑制金融中介的信用扩张意愿,短期融资成本的攀升将令金融机构拆入短期资金创造长期信用的错配模式难以维系。而持续紧缩的政策环境下,资金需求方的意愿也会更为谨慎。收益率曲线倒挂所产生的衰退预期在上述机制的作用下,往往最终就演变成了现实。

四是国债收益率是浮动利率债、长期限住房贷款等金融产品的定价基准。在以美元基准利率计价的浮动利率债中,基准利率主要分为美元 Libor、美国国债利率、担保隔夜融资利率(SOFR)三类,以美国国债利率为基准利率的浮动债券多数为政府担保机构债券。美国国债收益率同时也是可调利率住房贷款（Adjustable-Rate Mortgage，ARM）的定价基准。美国的住房抵押贷款规模庞大，可调利率住房贷款是较为常见的一种贷款种类。ARM 为固定利率和可调利率的混合，国债收益率的平均值是其利率调整的重要基准。

第二节　日本

一、宏观调控上的配合

自 20 世纪 90 年代陷入通缩和流动性陷阱以来，日本财政政策与货币政策一直保持双松的搭配，以期摆脱长期通缩和经济衰退的困境。1999 年日本中央银行在全球率先进入零利率阶段，随后 2001 年宽松政策加码，首次开启宽松量化，直至 2006 年才逐步退出。2008 年金融危机爆发，日本中央银行重新实施零利率，并重启宽松量化，随后加码至全面宽松 CME。财政也不得不重启扩张政策，连续出台了 4 次财政刺激计划。2013 年日本推出"货币宽松、扩大财政支出和结构性改革"三大经济政策，2016 年 9 月日本中央银行提出收益率曲线控制下的量化与质化宽松。

日本财政货币政策协调配合的特点是，在应对经济衰退、通缩的危机时，希望通过持续的宽松政策组合，达到快速刺激经济、增加市场需求的效果。具体的政策配合中，一是货币政策配合财政发力压低了政府融资成本，缓解了政府融资压力，提升了债务可持续性；二是财政政策通过财政支出刺激市场需求，拉动民间投资，解决了由微观资金供求意愿不足（商业银行借贷或企业借贷意愿不强）所引发的信用扩张不足的问题。

二、配合的机制安排

（一）目标与职责的确立

日本银行（Bank of Japan）是日本的中央银行（以下简称"日本中央银行"），承担"发行纸币并进行货币管理"以及"确保银行和其他金融机构之间的资金顺利结算，维持金融体系稳定"的职能，日本中央银行的货币管理"以实现物价稳定为目标"，同时也强调对金融体系稳定给予关注。

日本财务省是日本的财政部，是主管日本财政、税收的最高行政机关，主要承担：①国家预算制定，管理预算开支；②税收政策制定；③管理国库，平衡国库收支，发行国债，管理和监督地方财政；④维护国家信用，应对金融危机；⑤维护国际贸易体系和秩序。其中，政府债务管理目标为：一是确保国债发行平稳安全；二是最小化中长期融资成本。

（二）信息交流共享机制

一是日本财务省可以参加货币政策会议（MPMs）并发表意见。财务大臣与经济产业大臣会出席货币政策会议，就货币政策等事项发表意见。

二是中央银行参与财务省定期组织的政府债务管理咨询委员会例会，共同就政府债务管理问题进行研讨。自 2004 年 11 月起，日本财务省定期（每年 2~3 次）召开"债务管理恳谈会"（政府债务管理咨询委员会），与中央银行、交易所、银行等金融机构以及学者，就近期日本国债发行现状、风险成本以及中长期政府债务管理政策等问题进行研讨。

三是日本财务省与中央银行就当前经济活动中的各种问题进行不定期会谈。例如，2020 年日本财务省部长与中央银行行长就应对新冠疫情展开联合谈话，会议表示政府和日本中央银行将进行合作，支持经济活动，稳定金融市场。

（三）货币发行机制

日本中央银行货币发行机制以主权资产模式为主，日本投放基础货币主要是通过公开市场操作、量化宽松等工具在国债二级市场上进行国债回购或直接买卖。截至 2021 年底，在日本中央银行资产负债表中国债占总资产的 70%以上。

中央银行以国债交易的形式投放基础货币增强了市场对于持有日本国债的意愿，为满足市场需求、维持供需平衡，日本政府债券供给量上升。日本政府国债发行数量逐年增大，由 2008 年的 70.86 万亿日元上升到 2021 年的 521.12 万亿日元。与此同时，日本银行资产负债表中国债占比总体也呈现上升趋势，2008 年国债在中央银行总资产中占比为 66.3%，2021 年末国债在中央银行总资产中占比为 72%。新冠疫情发生后，日本中央银行紧急推出一揽子措施，在继续购买国债的同时，通过与美联储货币互换提供美元融资、推出新的贷款计划支持企业融资以及加码 ETF 购买，上述操作使得日本中央银行持有的外币资产、贷款及 ETF 资产增速超过国债。因此，日本中央银行持有的国债份额有较明显的减少。预计随着新冠疫情结束以及临时政策的退出，日本国债在中央银行总资产中的占比将会逐渐回升（见图 2-4）。

（四）债务管理机制

在政府债务管理中，日本《日本财政法》《国家政府债券法》确定了在政府债务管理中财务省与日本中央银行的职能分工，日本中央

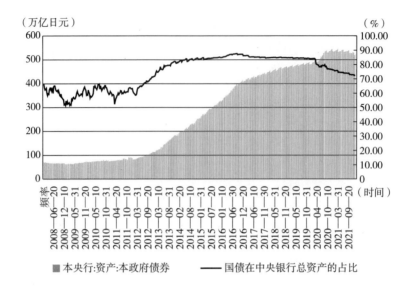

图 2-4　日本银行总资产中国债占比

资料来源：Wind。

银行承担具体行政职能，财务省承担发行计划安排、政策制定等其他
职能。根据《日本财政法》，财务省主要承担预算编制、预算执行、
财政收支决算及财政报告编制等债务管理决策的职能。根据《国家政
府债券法》，政府不直接承担与政府债券相关的行政任务（如发行、
赎回），而是将这些任务大部分委托给日本中央银行，包括发行招投
标、赎回/利息支付、簿记转让等。日本银行经营日本银行金融网络
系统（BOJ-net）、簿记转让系统，履行包括发行、结算、赎回、支付
等功能。

三、操作层面的配合

（一）国债市场建设

建立完善的国债市场（见表2-3）是维护金融市场稳定、保证市

场流动性的基础。日本中央银行主要依赖二级市场买卖国债，来实施量化宽松、量化质化货币、宽松（QQE）以及后来推行的收益率曲线控制等超级宽松货币政策，以应对危机、维护金融体系流动性。日本最早从 1999 年开始量化宽松，直接购买短期国债，日本中央银行的量化宽松政策不断加码，购买国债的数量和品种不断拓展。2000 年扩大了长期债券 10 年和 20 年期，2001 年进一步扩大了包括 2 年、4 年、5 年和 6 年期等券种。2008 年将购买范围扩大至包括 30 年期日本国债、浮动利率国债以及通胀指数国债等品种。2013 年以来，作为"安倍经济学"的重要部分，日本中央银行实施量化质化宽松的货币政策，将 40 年期国债纳入购买范围。2016 年加强量化质化宽松，推出"负利率政策"，并引入带有收益率曲线控制（YCC）的量化质化货币宽松新政策框架，YCC 政策也同样通过二级市场买卖国债实现，具体方式为将短期政策利率设定为−0.1%，长端利率通过增加固定利率方式购买国债，将 10 年期国债目标收益率维持在 0 附近。新冠疫情发生后，日本中央银行继续保持宽松的货币政策，2020 年 3 月，日本中央银行宣布通过灵活购买日本国债（JGBs）以及提供美元资金等操作来进一步丰富资金供应。目前日本中央银行是日本国债的最大持有者，占全部附息国债的 48%。

表 2-3　日本国债市场建设的基本情况

日本国债市场基本情况	
国债品种	短期债、中期债、长期债、超长期债、储蓄债和通货膨胀指数债券
国债期限	以长期为主，中短期国债占比较低。 从发行量来看，短期国债发行始终占据着重要地位。统计数据显示 2007 年次贷危机以来短期国债发行占比基本维持在 16%~18%，但在次贷危机和新冠疫情期间，短期国债发行急剧增加，疫情期间占比甚至一度超过 40%。10 年期的长期国债发行占比维持在 16%~20% 的比重，且有逐渐增加的趋势

日本国债市场基本情况	
一级市场	国会审议通过的额度限制下，中央银行可以通过滚期（rollover）的方式持有短期国债，平抑国债到期赎回对财政资金的影响。日本 1 年以下由日本中央银行持有的短期国债可通过滚期方式处理
二级市场	财务省通过增发（流动性增强发行）、续发行、承销商考核等措施提升二级市场流动性。为了维持和提高二级市场的流动性，日本政府从 2006 年开始实施流动性增强拍卖计划，对市场上流动性不足的国债进行增发。日本中央银行通过市场沟通、流动性调查等举措关注国债二级市场流动性
国债市场基础设施	日本中央银行系统承担国债托管职能，其他证券全部由日本证券托管中心（JASDEC）统一托管结算。中央对手方主要包括日本国债清算公司（JGBCC）、日本证券结算公司（JSCC）和 JASDEC DVP 清算公司（JDCC）

资料来源：日本财务省。

国债融资是日本财务省应对危机、扩大财政支出的重要资金来源。日本长期经济低迷、市场消费需求不足，税收收入增长十分缓慢。从日本加税的历史经验来看，在经济危机时期加税会挤压居民消费、冲击经济，保持国债可持续融资仍将长期成为日本政府应对危机的重要政策工具。

（二）国库现金管理

在国库现金管理中，日本中央银行承担政府存款管理的职责，管理政府资金账户，处理政府资金盈余和短缺。一是根据《日本中央银行法》和《日本银行国库处理规定》，日本银行处理国库资金，承担国库资金的收支核算、政府存款管理等职责。二是根据《日本中央银行法》和《日本财政法》的规定，当日本政府出现临时性资金支出缺口时，可以发行国库券或向日本银行申请临时贷款，相关借款在有关会计年度内赎回。临时借款的最高额度必须由国会在每个财政年度决定。

日本国库的管理责任人为财务大臣，日本银行受财务省委托承担出纳工作，所有的国库资金均作为日本银行的存款，由日本银行承担相关的出纳和报告事务。二者建立了常态化协调机制，以预测现金流，平抑现金操作给金融市场流动性带来的波动。财务省国库科在每季度制作的《国库状况报告》中加入国库资金收支对金融市场造成的影响以及日本银行所需进行的调整；日本中央银行则须每天编制国库资金的资产负债表和国库收付报告表，并提交给财务省。

（三）国债收益率曲线建设

日本财务省是编制日本国债收益率曲线的官方机构，从 2010 年开始每日编制并在财务省官网上公布关键期限点的国债收益率（1~10 年、15 年、20 年、25 年、30 年、40 年）。其编制方法采用了三次样条模型，编制的样本券主要选取了新发行债券，曲线的价格来源是日本证券业协会（JSDA）提供的参考统计价格，其价格是经过了可靠性筛选形成的二级市场综合价格。

收益率曲线的运用主要包括两个方面：

第一，在货币政策框架中的应用。

曲线扭曲操作成为日本中央银行自 2016 年以来为应对经济下行压力、实现量化质化宽松目的的主要政策操作工具。2016 年日本中央银行决定引入收益率曲线控制（YCC）的量化质化货币宽松新政策框架，使实际利率保持在低水平，通过降低融资成本改善金融状况。具体方式是通过对金融机构在日本银行中持有的部分经常账户余额施加负利率，降低收益率曲线的短端，将短期利率设定为-0.1%；长端利率通过增加固定利率购买国债的方式使得 10 年期国债维持在目标收益率 0 附近。为了平稳控制收益率曲线，日本中央银行引入新的市场操作工具，即固定利率购买国债操作和提供固定利率贷款（期限最长不超过 10 年）。新政策框架还提出了"通胀超调承诺"，即承诺扩大货币基础，直到消费者价格指数的同比增长率超过 2% 的物价稳定目标，并稳定于这一目标之上。

日本中央银行推出"QQE+YCC"政策的主要目的是通过压低实际利率推升通货膨胀率，经过日本中央银行评估和研究，"QQE+YCC"政策有助于产出缺口转正、金融市场融资条件改善。中央银行购买日本国债，使整个收益率曲线上的名义利率下行，从而压低实际利率。实际利率下降导致产出缺口的改善，加上通胀预期的上升，会逐步推高通胀率。此外，日本银行放宽货币政策，压低收益率曲线，使得金融市场资产价格（例如股票价格、外汇汇率）产生有利于经济增长的变化，从而对经济活动和价格产生积极影响。最终通过增加投资者对风险资产的偏好，提升风险资产价格，推动信用扩张。

第二，在金融资产定价中的应用。

日本国债利率作为日本浮动利率国债的定价基准。日本 15 年期浮动利率国债的票面利率的定价基准为 10 年期日本国债收益率。日本 10 年期浮动利率零售国债（面向个人投资者）以日本国债固定利率为基准。根据彭博社数据，以日本国债利率为基准的浮动利率债（包括 15 年期浮动利率国债、10 年期浮动利率零售国债）数量占比已达三成，且近年来该比例逐年递增。

日本国债利率作为固定利率贷款参考利率的基准。日本的固定利率贷款一般会参考日本中央银行公布的主要贷款利率 PLR（prime lending rate），PLR 的长期利率参考 10 年期国债收益率制定。

第三节　英国

一、宏观调控上的配合

20 世纪 30 年代的经济危机，使以政府干预为主的凯恩斯需求管理理论开始主导英国宏观政策调控。至 20 世纪 70 年代，由于自由主义盛行，英国政府通过减少政府干预和财政支出，财政保持盈余，货币政策上调来防止经济过热。1979 年撒切尔夫人上台，为了摆脱高失业、高通胀和低增长的滞胀困境，英国政府开始紧缩货币政策和财政支出，同时进行税制改革，削减所得税以刺激投资。经过一系列改革，20 世纪 80 年代末英国经济恢复繁荣。

随着金融危机的爆发，英格兰银行实施了一系列的非常规货币政策以向银行提供流动性并提振市场信心。例如，英格兰银行发布了特别流动性计划（Special Liquidity Scheme，SLS），该计划允许银行使用其非流动性资产交换高等级国库券，或是延长其永久贴现窗口。同时实行量化宽松政策，英格兰银行依靠大量的资产购买行为将货币注入经济金融循环中，旨在提高金融市场的流动性，维护市场功能。全球金融危机之后，英国政府采取了"松紧搭配"策略。一方面通过持续加息抑制可能出现的通货膨胀，另一方面通过扩张性财政政策促进经济较快增长。新冠疫情发生后，英国改变了货币政策操作方向，政策组合由"松紧搭配"转向"松松搭配"。为缓解新冠疫情对经济的冲击，英国政府实施了史无前例的财政扩张，推出了总额为 3500 亿英镑的纾困措施。英格兰银行降息至历史最低水平，同时中央银行的购买规模扩大至企业债券 100 亿英镑、政府债券 4350 亿英镑。

二、配合的机制安排

（一）目标与职责的确立

1. 英格兰银行目标与职责

英格兰银行的使命是通过维护货币稳定和金融稳定保障公民利益。英国政府制定通货膨胀目标，英格兰银行执行货币政策委员会的利率决定，使政策更加透明。金融稳定则要求资金在金融体系内保持高效流转，同时确保公众对金融体系有充分的信心。英格兰银行的政策目标是保持价格稳定，以此支持政府经济目标，包括经济增长和就业。货币政策确立的通货膨胀目标水平为2%。英格兰银行的职责是提供安全支付方式、保持物价稳定、确保银行体系安全可靠和金融系统的稳健。

金融危机后，英国货币政策框架发生重大改革。《2012年金融服务法》赋予英格兰银行更多职责。一是英格兰银行设立金融政策委员会，确定宏观审慎框架；二是由英格兰银行的审慎管理局承担微观审慎职责。至此，英格兰银行形成"3M"框架，即货币政策、宏观审慎政策和微观审慎政策。

2. 财政部及债务管理局的目标与职责

英国财政部的目标主要有三点：一是公共财政可持续；二是确保宏观经济环境和金融体系稳定，实现经济强劲、可持续和平衡增长；三是通过全面改革提高就业和生产力，确保国民经济竞争力不断提升。

1998年，英格兰银行将发行国债和管理国库现金的职责转移给隶属于英国财政部的债务管理办公室（DMO），从此英国新发行的国债均统一由 DMO 代理。这次变革的主要原因有三个方面：一是避免债务管理和货币政策之间的不协调；二是调和金融市场与债务管理和货币政策的矛盾；三是提高债务管理和货币政策的透明度，减少预期的不确定性。

3. 中央银行与财政部的历史关系

1997 年以前，英国财政部名义上监督管理英国整个金融体系，但在操作过程中则由英格兰银行与其他金融监督管理机构具体执行。1997 年 5 月，英国政府作出改革中央银行的决定：一是授予英格兰银行货币政策决定权；二是成立一个无政府代表参与的货币政策委员会。并在 1998 年修订《英格兰银行法》，授予了英格兰银行独立运作货币政策的职能，至此，英格兰银行的独立性得到了进一步加强。同时，英格兰银行的独立性是相对的。财政部应该向英格兰银行阐明价格稳定政策的内涵，以及政府将要采取的经济政策。英格兰银行在政策实施过程中向财政大臣负责，财政大臣向国会负责。

（二）信息交流共享机制

一是通过金融政策委员会（FPC）会议等研讨形式，加强信息沟通。金融政策委员会通常每年召开四次会议，对金融体系问题进行讨论。每年发布两次"金融稳定报告"，重点介绍英国金融体系面临的任何风险，识别、监控并采取行动应对威胁英国金融体系整体弹性的风险。金融政策委员会还支持政府的经济政策，包括其经济增长和就业目标。

二是联合发布谅解备忘录，加强协调配合。2018 年 6 月英国财政部和英格兰银行就一项新的谅解备忘录（MOU）达成一致，其中规定了两家机构之间的财务关系。谅解备忘录描述了英格兰银行在管理其财务框架方面的主要职责，以及与英国财政部的日常工作关系。英格兰银行和财政部就财务等相关事宜保持密切联系，确保账户透明，做到对英格兰银行的信息共享。

（三）货币发行机制

买卖国债是英国中央银行投放基础货币的方式之一，中央银行通过买卖国债既影响基础货币的数量，也影响市场利率，在实现量价的同时进行调控。英国主要是通过公开市场操作对货币发行数量进行调整。金融危机发生前，英国中央银行货币发行以短期市场操作（逆回购）为主，中央银行短期市场操作余额占资产总额的比例高达56.36%。金融危机发生后，多轮的量化宽松政策促使公开买卖国债成为英国中央银行投放基础货币的主要方式，英国国债是英国中央银行购买的最主要资产，其规模占比高达90%以上。

（四）债务管理机制

债务管理的目标是使政府的长期债务融资成本最小化，控制债务风险，以最低成本的方式管理政府总体现金需求，同时实现债务管理、现金管理和货币政策协调一致。债务管理办公室的具体操作目标可分为四个方面：一是平衡风险与成本；二是避免对短期利率的影响；三是遵循货币政策优先原则；四是考虑债务管理和现金管理对货币市场效率的影响。每一财年结束后，债务管理办公室都会发布年度报告，具体说明债务管理战略的执行情况，并提供相关政策咨询和建议。债务管理战略是指在中长期跨度内，综合考虑国债成本和风险，确定符合政策目标的国债规模和结构，而国债规模和结构的调整最终都是在国债发行的过程中实现的。在年度报告中，债务管理办公室会公布下一财年的"年度业务计划"，说明下一财年的具体目标和战略。

对于债务管理办公室来说，制定债务管理战略时需考虑的因素包括政府对于风险的容忍度、名义和实际收益率曲线、投资者对于债券的需求等。

三、操作层面的配合

（一）国债市场建设

建立完善的国债市场（见表2-4）是维护金融市场稳定的基础。一则，英国以国债购买为主要方式实施量化宽松政策，以应对金融危机，为市场提供充足流动性。英格兰银行在金融危机等特殊时期采取的非常规货币政策工具主要通过资产购买方式进行，相关购买主要分为三部分：英国国债购买、公司债券购买、定期融资计划。其中英国国债购买是最主要的量化宽松工具，在资产购买规模中占比高达90%以上。二则，以英国国债为重要操作工具的融资换贷款计划是维护金融稳定的一个重要安排。2008年国际金融危机后艰难复苏之时，2010年又爆发了欧洲债务危机，令英国经济雪上加霜。虽然英格兰银行为应对危机已采取了量化宽松和超低利率政策，但信贷市场需求仍十分疲弱。为使货币政策直接传导到信贷市场，提高货币政策刺激实体经济的效果，英格兰银行联合英国财政部于2012年7月推出以融资换贷款计划为主的结构性货币政策。商业银行和其他信贷机构可以以信贷资产作为合格抵押品向英格兰银行借入英国国债，这些金融机构再以国债为抵押品在债券回购市场获得资金。英格兰银行的融资换贷款计划降低了实体经济部门信贷的融资成本，刺激了金融机构为实体经济提供贷款的意愿。

表 2-4　英国国债市场建设的基本情况

国债发行量	2007 年为 585 亿英镑，2008 年为 1465 亿英镑，2009 年为 2276 亿英镑。新冠疫情发生后，发行量又一次急剧增加，2019 年发行总量为 1379 亿英镑，2020 年为 4858 亿英镑
国债发行	政府债券的发行有两种方式：一种是招标，债券卖给那些出价高于债务管理办公室可接受的最低价的买者，另一种是非招标，接受加权平均价格。债务管理办公室在国债发行环节也引入换券、逆向拍卖、随卖、随买等操作方式
一级市场	英国财政部会根据债务管理办公室的建议制定债务融资方案和操作框架，主要包括发行的国债品种、总规模、期限等。债务管理办公室则根据这一框架进行独立操作，确定每次债券发行的规模、期限和品种
二级市场	做市商和做市商之间的经纪人是英国政府债券市场流动性的主要提供者。作为做市商的机构要有一定的资本金和实力，具有进行市场操作的工具，保证以合理的价格买卖。做市商之间不直接交易，而是通过经纪人交易，以保证交易的公平性
国债市场基础设施	由财政部认可的登记部门对国债进行所有权转移登记。英国国债的托管和结算则由 CREST 公司进行办理。CREST 公司是英国和爱尔兰证券建立的多币种电子托管清算结算系统，以无纸化方式向证券投资人提供安全、有弹性的证券实时电子化结算服务

资料来源：英国财政部。

（二）国库现金管理

英国国库现金管理涉及的机构主要有财政部国库管理局、财政部债务管理办公室和英格兰银行三家。在职责划分上，财政部国库管理局主要负责资金预算的编制以及财政政策的制定，并依据资金的预算结果来确定本年度国债发行的总额度、国库现金的经营管理原则，同时对国库净现金流进行预测。政府债务与现金的具体管理主要由债务管理办公室负责，通过发行短期国债和市场操作国库现金头寸等方式，最小化政府长期债务的融资成本，有效控制风险，达到与货币政策目标一致。英格兰银行作为中央银行，主要负责管理英国国库单一账户。除此之外，如遇现金流波动较大的特殊情况，英格兰银行还负责在每个工作日结束时与债务管理办公室一同轧平政府现金余额。

在国库现金余额管理方面，为了避免国库现金管理和货币政策冲突，财政部和债务管理办公室制定了一系列的制度安排：一是建立有效的沟通机制，债务管理办公室定期与英格兰银行举行会议，讨论国库资金的投融资计划等；二是丰富国库资金市场化运作的方式，如买卖各种期限的债券，增加大额定期存单等，从而分散国库现金管理造成的影响；三是对单个交易对象设置交易规模上限。通过这三个方面的制度安排，以确保国库现金管理操作不影响货币市场效率。

（三）国债收益率曲线建设

英格兰银行是英国国债收益率曲线的编制机构，包括名义收益率曲线、实际收益率曲线以及隐含通胀期限结构。编制方法采用三次样条基础上的 VRP 模型。曲线编制的价格来自英国债务管理办公室、彭博社、做市商协会、路透社，取价顺序依次为一级交易商承销价格、成交价、报价、国债期货等。国债收益率曲线在财政和金融领域存在广泛的应用，主要有以下三个方面：

第一，在宏观政策制定中的应用。英格兰银行长期关注国债收益率曲线形态及变动中所反映出的经济信号。根据英格兰银行货币政策委员会 Gertjan Vlieghe（2016，2018）等的研究，曲线上长期利率与短期利率之间的价差反映了市场对于宏观环境的前景预期。在实际操作中，英格兰银行将国债收益率变化及曲线形态变化作为衡量经济金融状况的重要考量因素。另外，英格兰银行基于国债收益率曲线的名义利率与实际利率，测算了隐含的通胀预期，《通货膨胀报告》上定期发布测算结果，作为制定货币政策的重要前瞻性依据，积极引导公众和市场预期。可见，国债收益率曲线已被深度应用于宏观经济预测以及货币政策制定之中。

第二，在货币政策框架中的应用。1945~1971 年，英国中央银行实施收益率曲线控制，意图降低政府融资成本。从"二战"结束到1946 年，英国中央银行实施了政府债券价格支持计划，协助财政部将长期利率维持在 2.5% 以内。为了维持利率上限，英国财政部拒绝发行利率高于 2.5% 的长期国债，而英格兰银行主要是大量购买长期国债。投资者认为国债发行利率过低，因此，政府成为最终的净购买者。1947 年，由于通胀压力大幅上升，英国财政部不得不放弃 2.5%的长期利率目标。在此期间收益率曲线控制收到了良好效果，各期限利率均维持在较低水平并相对稳定。

第三，在金融资产定价中的应用。具体的融资活动中，英国国债利率也成为一部分长期借款的定价基准。例如，英国地方政府的借款就主要参考国债收益率。英国地方政府借款以长期借款为主（短期借款比重不足 1%），其中，有将近 3/4 为公共事务贷款委员会（PWLB）贷款，PWLB 贷款由隶属于英国财政部的管理层收购（MBO）通过转贷来自国债融资的国家贷款基金为地方政府提供贷款，贷款的利率以国债利率为定价基准，具体加点水平由财政部决定。

第四节　德国

一、宏观调控上的配合

德国的宏观政策搭配一直以来都有"强财政、弱货币"的特点，且宏观政策协调方式会根据本国经济形势和外部环境的变化决定。联邦政府是财政政策的制定者，在实现经济增长的同时还会考虑欧盟的财政标准；德意志联邦银行是德国货币政策的具体实施者，在运用货币政策工具时不能与欧洲中央银行的货币政策相抵触。在面对经济衰退的场景时，德国会采取"双松"的政策组合：政府增大财政支出，推出经济刺激计划，施行赤字财政政策；德意志联邦银行下调各项长短期贷款利率，向银行体系注资，以增强金融市场流动性。德国的财政货币政策协调配合还有一个特殊性，即德国的货币政策空间有限，所以宏观政策的配合不仅要看德国自身的货币政策，还需要观察欧洲中央银行的货币政策是否与其有协调配合之处。

二、配合的机制安排

（一）目标与职责的确立

1. 中央银行目标

德国中央银行的主要职责为维持币值稳定、保证银行体系流动性和金融监管。具体来看，主要包括：协助欧洲中央银行完成保持货币稳定任务；在支付体系中，在保证德国银行有足够流动性的同时确保非现金支付与清算的往来通畅；作为银行的银行，给商业银行提供再贷款融资；对金融市场、金融机构进行日常监管。德意志联邦银行以欧洲中央银行制定的通货膨胀率指标为首要的控制目标，即将通胀率控制在2%以内。

2. 欧洲中央银行与欧元区货币政策

在欧盟框架内，欧洲中央银行（European Central Bank，ECB）是负责实施欧元区货币政策的官方机构。根据欧盟运作条约以及欧洲中央银行体系和欧洲中央银行章程，ECB负责欧元区国家的货币政策实施，其货币政策目标是将以调和消费者价格指数的中期通货膨胀率保持在2%的目标范围内。欧元区设立之初，曾规定通货膨胀率不得超过表现最好的三国平均值1.5个百分点，政府长期公债利率不超过表现最好的三国平均值2个百分点。

欧元区货币政策由欧洲中央银行统一制定，并由欧元区国家中央银行负责实施。正常时期的货币政策是以利率走廊机制为核心的利率控制机制，主要工具包括法定储备率、法定储备利率、存款便利利率、边际贷款便利利率、公开市场操作利率（短期再融资利率）等。

3. 财政政策目标

德国财政政策的目标包括经济发展、充分就业和财政平衡，财政部会根据经济形势，在三大目标之间进行取舍。德国联邦财政部对财政收入管理有最高控制权，财政部不仅发挥着管理联邦财产的作用，更重要的是承担着使联邦的财政政策适应经济发展各个阶段的实际需要的职责。在历次的经济周期中，德国的财政政策始终在财政赤字和财政平衡之间摇摆，这表明财政当局进行考量时，既要适应当时的社会经济形势，也要顾虑到欧盟统一的财政约束和德国负责任的大国形象。

4. 中央银行与财政部的关系

法律对联邦政府、财政部和德国中央银行的关系做出了严格限定，以保证中央银行的独立性。《德意志联邦银行法》规定：德意志联邦银行是公法意义上的联邦直接法人。政府持有联邦银行的设立资本只是其享有货币主权的基础，且联邦银行的中央银行理事会具有最高联邦政府职能机构的地位，州中央银行及分行也具有联邦政府职能机构的地位。

（二）信息交流共享机制

德国财政部、中央银行与市场机构通过多种委员会保持定期的交流沟通机制。财政部顾问委员会是由德国财政部组建的专家咨询机制，为德国的经济财政政策提供建议。顾问委员会原则上由经济学或法学领域的学者组成，委员会的建议主题非常广泛，包括欧洲一体化进程、税收改革和预算整合等。德国联邦金融监管局设立管理委员会，主要由联邦财政部、德意志联邦银行及其他监管部门代表组成，管理委员会由财政部人员担任主席。管理委员会监管联邦金融服务监管局管理层，决定联邦金融服务监管局的预算并对如何完成专项监管任务提出建议。

（三）货币发行机制

德国作为欧元区国家的一员，不能单独发行欧元，欧元只能由欧洲中央银行发行。欧洲中央银行通过"协议机制"发行欧元，以共同条约的形式规定了货币投放的方法和标准：通货膨胀率、就业率和经济增长率。如果这三个指标都在预先设定的范围内，就可以向市场投放货币，以提供流动性。如果通胀率高于预先设定范围，就实行紧缩政策；如果经济增长率低于预先设定范围，就实行扩张政策，增加货币投放量。在这三个指标中，通货膨胀率是欧洲中央银行最关注的，这是欧元基础货币的投放机制。欧洲中央银行投放货币的工具有三个：公开市场操作、向银行发放贷款和存款准备金率。

欧元区各国所发行的欧元国债是欧洲中央银行资产端的主要科目，也是欧元区货币投放的锚定。从欧洲中央银行的资产负债表来看，欧洲中央银行在实施货币政策时购入了大量的证券资产，目前这些证券资产占欧洲中央银行总资产的 58.0%，其中，欧元区各国所发行的欧元国债是这些证券资产的绝对主体部分。该项目 2008 年以前维持低位，2008 年后欧洲中央银行通过多轮资产购买计划，使该项目大幅增长，目前已经成为欧洲中央银行资产端中最大的科目。

（四）公共债务管理机制

1. 赤字约束机制

为防止欧元区成员国出现大量的政府预算赤字，以致增加整个欧元区的赤字成本。1997 年欧盟推出了《稳定与增长公约》，该公约要求成员国将其预算赤字控制在国内生产总值的 3%以下，公共债务占 GDP 的比例不能超过 60%。由于欧洲经济复苏乏力，德国、法国等国的财政赤字已经连续多年超标。为应对欧债危机，德法提出加强财政纪律、启动自动惩罚机制的方案，2012 年 3 月 2 日，除英国和捷克以外的欧盟成员国签署了《经济和货币联盟稳定、协调和治理条约》（以下简称"财政条约"）。财政条约规定了统一且具有永久约束力的财政规则——确保结构性政府赤字不超过其以市场价格计算的国内生产总值的 0.5%。并附加了自动惩罚规定。为应对新冠疫情对经济带来的严重影响，赤字约束机制暂停 4 年。从欧盟的实践来看，如果不能科学地制定赤字约束，那么最后可能沦为一纸空文，由此带来的恶性循环是政府信誉下降、汇率频繁波动，从而拖累经济。

2. 债务管理机制

德国的国债管理实行三部门负责制，不同部门负责不同环节。德国联邦财政部、联邦银行、联邦财务代理公司均是德国国债的管理部门，但在具体职责方面有所侧重。

联邦财政部是德国国债发行的主体，负责国家债务的规模管理和政策制定，也是最为主要的国债管理部门。财政部国债管理的基本目标就是根据国会批准的预算方案，以发债的方式，在市场上及时地筹集到低成本的资金，以满足公共预算的需要。

联邦银行是联邦政府在金融方面的代理机构，在德国国债发行和资金清算中发挥着不可替代的作用：一是代表财务代理公司组织国债的招投标；二是参与联邦国债的随卖方式发行；三是在德国证券交易所市场中进行国债的市场管理操作，以熨平国债价格波动。

在德国，国债的发行和二级市场管理由独立于财政部的专业化公司——联邦财务代理公司（German Finance Agency，GFA）负责，这是德国债券管理体制与其他市场的明显不同。作为联邦财政部的代理机构，GFA 不但负责国债的发行，也直接参与二级市场的买卖，通过直接买卖、回购、利率互换等多种方式，致力于维持二级市场的流动性，防止债券价格非理性大幅波动。GFA 的主要职能为：一是管理联邦政府债务及其流动性，降低筹资成本，优化融资环境；二是制定年度发行计划，并根据宏观经济情况进行调整；三是为联邦政府筹资和国库现金管理提供咨询和服务；四是分析国债市场，为债务组合管理、风险控制研发模型；五是进行国债登记和托管，管理系统和账户；六是负责监管国债场外市场，协助有关部门避免国债市场失误。GFA 在德国国债二级市场的操作非常频繁，常用的操作工具主要有新券发行、现券交易、回购交易、融券业务和利率互换等。

三、操作层面的配合

（一）国债市场建设

以国债市场建设（见表 2-5）为基础在整个欧元区层面维持金融稳定。德国财政货币当局维持金融稳定的政策协调配合的一个显著特点是，所用政策工具不仅局限在德国境内，而是在整个欧元区层面统一使用的。例如欧元区的紧急抗疫购债计划（PEPP），欧洲中央银行在 PEPP 框架下购买各成员国的政府债券资产，每月的购债额度也从先前的 200 亿欧元增长到后期的 400 亿欧元。PEPP 对外宣布后，市场收益率出现大幅下调走势，PEPP 旨在发挥双重作用——既有助于市场稳定，又有利于大幅放松货币政策的立场。

表2-5 德国国债市场建设的基本情况

国债品种	联邦债券（Bunds）、联邦票据（Bobls）、联邦国库券（Schatze）、折价国库券（Bubills）、联邦储备券、通胀挂钩的债券
一级市场	德国国债有三种发行方式，分别为招标发行、在公开市场中以"水龙头"方式发行和通过交易所发行
二级市场	德国国债的二级市场流通工作由做市商负责，从早晨8：00起连续报价直至晚间，报价方式以买卖差价为主。场外市场主要通过各种电子系统达成交易，使用最多的是MTS系统
国债市场基础设施	从交易前台看，德国国债在德国证券交易所、国际电子交易平台和场外交易市场中被广泛交易。从后台来看，德国国债的托管和结算由明讯法兰克福银行（CBF）统一负责，CBF与德国中央银行密切合作，使用大额支付系统完成券款对付（DVP）结算；德国中央银行通过CBF完成证券交易，并使用CBF的担保品服务

资料来源：德国联邦财政部。

在金融市场的稳定方面，德国联邦银行和德国财政部具有相对成熟的救助机制——金融市场稳定基金（FMS），其主要依据的是《金融市场稳定法》。在《金融市场稳定法》框架下，德国金融市场稳定基金于2008年10月17日获批成立。该基金设计总额为4800亿欧元，其中65%由联邦政府出资，剩余35%由各联邦州承担。德国联邦政府成立了专门的工作领导小组，由总理府、财政部、德国联邦银行以及政府部门的代表组成。德国金融市场稳定基金有以下几个特点：一是通过市场化运作实现对金融机构的救助；二是有选择地对金融机构实施救助；三是通过多种方式发挥稳定金融市场的作用。

（二）国库现金管理

德国实行国库单一账户制度，即联邦国库管理会计中心代表联邦国库管理部门，在德国中央银行开立国库主账户，并以各联邦预算单位名义，在其下开立子账户；联邦税收和发债等收入以及所有支出都必须通过国库账户进行统一管理；州、地市也相应地在德国中央银行分支机构开立国库账户，通过国库账户收纳所有公共收入和安排支出；德国同样实行目标余额管理政策，中央国库存款根据"适量余额"（Zero Plus）原则，将超过目标余额的盈余资金用于国库现金管理，从而实现国库资金的保值增值。2004 年以前，德国国库沉淀资金的运作由德国中央银行负责。2004 年后，由 GFA 运营和操作。

德国同样建立了国库现金流量预测和目标余额管理制度。通过保持国库资金余额稳定，平抑了国库资金流量波动对货币市场流动性的影响，从而避免了国库现金管理对中央银行货币政策造成干扰。

（三）国债收益率曲线建设

德国的国债收益率曲线编制工作是由德国中央银行负责，采用 NS 模型编制方法。为了确保样本内债券品种的同质性，剔除了可赎回联邦债券以及剩余期限少于 3 个月的债券，以联邦政府发行的标准国债、特殊政府票据、联邦国库券等作为样本，前一交易日的日终市场价格作为编制价格。

德国国债收益率曲线的应用主要体现在政策制定和市场定价参考两个方面：

一是用于宏观政策制定。欧元区国债收益率曲线对于宏观政策制定主要有三个方面的价值：其一，国债收益率曲线的形态反映了市场对未来短期利率的预期和全球投资者对风险的感知程度，这些信息对货币政策决策和金融稳定分析均有重要参考价值；其二，国债收益率曲线的斜率能够成为经济周期的领先指标，从而可以对未来的经济活动情况进行预测，陡峭的收益率曲线说明市场参与者预期未来经济形势向好并带来短期利率上升；其三，国债收益率曲线的长端能够反映出市场参与者对通胀走势的观点，从名义国债收益率曲线中减去与通胀挂钩债券的收益率曲线，得到"盈亏平衡通胀率"的期限结构，反映通胀预期。

二是用于德国住房抵押贷款利率定价。根据欧洲抵押贷款联合会的数据，2018年德国存量房贷规模约1.4万亿欧元，德国主要的住房抵押贷款是固定利率房贷，其中最为常见的住房抵押贷款是期限在10~15年的固定利率房贷，其贷款基准利率是相应期限的国债。

第五节　澳大利亚

一、宏观调控上的配合

澳大利亚的财政政策由澳大利亚财政部负责制定，货币政策由澳大利亚储备银行负责制定，两部门协调配合以应对形势的变化。当宏观经济过热时，财政部一般会进行紧缩操作，如调高税率，缩减政府开支，更加审慎地审批各项投资；澳大利亚储备银行也会在一定程度上配合财政部的操作，如降低澳大利亚的银行体系流动性，减少公开市场操作的投放量等。而在澳大利亚经济出现紧缩时，澳大利亚的财政部与储备银行一般会根据具体的经济形势进行反向操作。

在2008年全球金融危机期间，为遏制经济衰退、刺激投资和消费，澳大利亚财政部先后出台了资金总额为104亿澳元的经济刺激计划和另一项高达420亿澳元的经济刺激计划。与此同时，澳大利亚中央银行通过公开市场操作向市场提供了充足的流动性，成功平抑了利率波动，为澳大利亚成为金融危机中最早复苏的发达国家创造了条件。在2020年初新冠疫情大流行的初期，澳大利亚也果断地进行了财政政策与货币政策的宽松操作，以缓解疫情带来的冲击，具体的措施是将现金利率降低至创纪录的0.5%，通过财政政策直接援助受疫情影响最大的领域等。

二、配合的机制安排

（一）目标与职责的确立

澳大利亚储备银行以稳定币值作为货币政策的核心。通胀目标制是当今澳大利亚货币政策的核心。澳大利亚储备银行的设立、运营和权力范围由《1959 澳洲储备银行法》确定。根据该法律，澳大利亚储备银行的目标主要有以下三个方面：维持澳大利亚货币稳定，促进澳大利亚就业充分，保证国民经济繁荣和人民福祉。

澳大利亚财政部的职责侧重于经济政策，包括有效的政府开支和税收安排，有效的税收和退休收入安排，保证市场运作良好等。在澳大利亚，财政管理和运行所依据的法律法规包括《预算诚实宪章》《财政管理及问责法案》《政府转移支付法》等。财政部是政府的主要经济顾问，主要职责是向政府提供政策建议并保障政策和计划的有效实施，促进国家实现强劲、可持续的经济增长和财政稳定。

（二）信息交流共享机制

在澳大利亚，财政部与储备银行或金融部门通过咨询报告、会议等保持沟通，以促进双方政策水平的提高。一是澳大利亚财政部设立了一个由主要利益相关者代表组成的咨询委员会，便于财政部直接与主要私营部门利益相关者进行接触，并就一些细节问题协商解决办法。咨询委员会主要由以下代表组成：澳大利亚银行家协会、澳大利亚金融市场协会、澳大利亚股东协会、澳大利亚国际银行和证券协会、投资和金融服务协会等。此外，澳大利亚财务管理办公室（AOFM）以及相关学者也位列其中。二是储备银行常常向财政部提供信息，经常与财政部沟通。储备银行将自己对国民经济各部门的评估结果告知政府，以利于财政部门更为高效地制定与实施财政政策。澳大利亚储备银行有义务向政府和议会报告货币政策实施情况。每次储备银行理事会例会结束后，储备银行行长、副行长及高级官员都会与财政部举行会议，告知政府有关货币政策的决策情况。

（三）货币发行机制

澳大利亚中央银行综合运用再贷款和国债的购买机制调节对金融体系的储备投放，因此，其货币发行机制属于"锚定国债"和"再贷款"的混合型。其中，储备银行通过在公开市场上买卖联邦政府证券可以影响金融市场状况，影响货币供应量和金融中介的利率水平，最终影响社会的消费与投资。同时，储备银行在征得财政部长同意后，可以制定最高利率，各银行则可以在这一限度内自行规定对具体客户的利率。

（四）债务管理机制

在澳大利亚，负责国债管理的专门部门是澳大利亚金融管理办公室。澳大利亚财务管理办公室负责国债的发行和管理工作。该办公室致力于在可以接受的风险水平下，使发债成本最小化，同时管理债券到期带来的再融资风险，着眼点在于成本和风险两个方面。其主要职能包括：通过发行政府债券，筹集财政预算所需资金；通过短期的借款和投资等操作，管理澳大利亚政府日常的现金流量表；配合政府的政策目标，投资于相应的金融资产；在风险可承受的范围内，管理债券和金融资产的投资组合；为澳大利亚的财政金融体系提供有力支持。

澳大利亚财务管理办公室在发行国债时，必须得到澳联储的配合，这主要体现在澳联储对于澳洲国债收益率曲线的控制。例如，2020 年 5 月，澳联储出于新冠疫情冲击和对冲宏观经济风险的考虑，继续施行无限量化宽松政策和低利率政策，这就为澳大利亚的国债发行创造了有利条件。于同月，澳洲国债发行刷新历史纪录，澳大利亚财务管理办公室发行了 190 亿澳元的 10 年期国债，宽松的流动性带动了国债市场的强劲需求，使得澳大利亚联邦政府为其创纪录的 1300 亿澳元经济刺激计划提供了充足的资金。

三、操作层面的配合

（一）国债市场建设

澳大利亚国债市场建设的基本情况，见表 2-6。

表 2-6 澳大利亚国债市场建设的基本情况

国债品种	中长期国债，指数国债，短期国债
一级市场	澳大利亚财务管理办公室负责澳大利亚国债发行中所有操作层面的事宜，包括确定每次债券发行的规模、期限和品种
二级市场	澳大利亚财务管理办公室通过合理制定国债发行计划保持或提升国债市场流动性，通过与中介机构、投资者保持日常沟通了解各方利益诉求，维护市场稳定
国债市场基础设施	澳大利亚的登记机构主要有两类：发行人主办登记机构和结算所电子登记机构（CHESS）。发行人主办登记机构为发行人提供投资和名册、权益派发相关服务。CHESS 登记的是在证券交易所进行交易的证券，由澳大利亚清算公司（ASX）负责运营。澳大利亚的国债则托管于储备银行信息与转账系统（RITS），其他债券托管于 ASX。RITS 统一开展国债的托管与结算服务

资料来源：澳大利亚财政部。

（二）国库现金管理

澳大利亚国库现金的管理者是财政部。财政部负责制定国内国库现金管理的基本框架，帮助各政府部门支付和收缴资金，管理在储备银行开设的政府存款账户，控制各部门现金流量，对国库现金进行合并投资，负责向议会和政府提供详细、准确的财政资金支付信息以及政策建议等。澳大利亚财务管理办公室专门负责债务和现金管理的工作，为国库领导和财政部长提供建议。财务管理办公室的具体职能包括预测财政收支、汇总部门现金预测、管理国库现金余额、管理联邦债务等。财政部赋予财务管理办公室管理债务的职权，财务管理办公室在具体操作管理上具有相对的独立性，但是必须接受政府经济政策和风控制度的监督。联邦储备银行为政府部门提供银行服务，管理财政部的存款账户，同时还是财务管理办公室的代理机构，负责提供国库单一账户余额信息。

为保证国库现金流对货币政策不造成影响，澳大利亚财务管理办公室与澳大利亚储备银行建立了一系列常态化协调机制，包括以下几点：一是定期磋商会谈，以实现现金流预测偏差的最小化；澳大利亚财务管理办公室每月都要与联邦储备银行进行磋商并寻求在现金预测结果上的协调一致；二是澳大利亚财务管理办公室在进行市场投资和回购交易前，会及时告知联邦储备银行，以便储备银行决定是否需要采取相应的管理措施。

（三）国债收益率曲线建设

2020 年 3 月 19 日，澳大利亚中央银行宣布实施收益率控制，对曲线中段做出利率承诺。在具体措施上，澳大利亚中央银行承诺通过二级市场购债，将 3 年期国债收益率控制在 0.25% 附近。通过 YCC 来降低中短期国债收益率。对于选择 3 年期国债的原因，澳大利亚中央银行解释称，3 年期国债利率是金融市场中的重要基准，对于整个澳大利亚的融资发挥着重要的作用。压低 3 年期国债收益率可以影响别的融资渠道，从而降低各个部门的融资收益率，减轻偿债成本。

澳大利亚和日本的模式差别主要体现在购债期限上，澳大利亚为 3Y 国债而日本为 10Y 国债，主要差异在于：①澳大利亚的政策背景更主要是短期外生冲击，而不是日本面临的长期内生问题。政策的实体目标在于降低融资成本，澳大利亚企业债市场加权平均久期为3~5Y，调控曲线中段就可以达成目的。②在政策初始阶段，日本已经处于深度负利率区间，1~10Y段的国债曲线位于零以下；而澳大利亚尚未实行负利率政策，YCC政策在曲线中段仍有操作空间。

第六节　总结

一、财政与货币当局分工明确，国债成为配合发力点

总的来看，美国、日本、英国、德国、澳大利亚等国家的财政与货币当局共同对国会或议会负责，货币政策保持了一定的独立性和可信度，但与财政及相关经济政策紧密协调配合。

货币政策方面，美国、日本、英国等国家的中央银行在货币政策正常化时期都通过公开市场操作二级市场买卖国债，以准备金调节和以量带价的方式引导形成目标的短期政策利率、货币市场基准利率和国债基准利率，再通过国债收益率曲线传导政策意图。金融危机后的非正常货币政策，受零利率下界以及利率传导不畅的约束，上述国家中央银行主要通过大规模买入国债等资产无限兜底市场流动性，公开市场采用买长卖短的扭曲操作直接作用于长端国债利率，进而使得政策意图直达投资和消费。财政政策方面，国债是国家财政融资的主要手段，国债收益率曲线是融资成本的核心考量因素，财政当局通过实施风险平衡的国债管理策略来实现经济增长和债务可持续的目标。

二、财政当局发挥主导作用形成了统一高效的国债市场

从美国、日本等国的经验来看，国债市场建设一直以来都是货币和财政当局共同关注的焦点：一是双方共同推进国债顺利发行。事实上形成了一种以财政部为主导，中央银行或国债管理机构具体实施的分工格局，以确保国债按照预定的规模和丰富的期限品种顺利发行。二是共同关注市场流动性建设。财政部更多通过流动性增强发行、续发行等方式从国债供给端加强流动性，中央银行则更多通过市场沟通、流动性监测等方式从国债需求端进行流动性建设。三是形成统一集中的托管结算后台，从美国、日本等国家的历史经验来看，为了提升运行效率、降低操作风险，这些国家都经历了由多个分散的后台到逐步整合统一的过程。

主要经济体的经验表明，三家机构（财政部、债务管理局、中央银行）在整个国债市场管理中，一般遵循以下分工：财政部主要负责债务管理决策，决定债务管理中长期的策略，包括债务水平和余额管理、债务可持续性分析、本币和外币融资的限制等；债务管理局（通常设于财政当局）负责具体实施财政部确定政策，主要工作包括债务发行和债务组合的风险管理等；中央银行则通常承担与国债交易相关的行政职能。鉴于财政当局在国债管理与政府债务融资中天然的主导位置，多国经验表明财政当局在国债市场建设中发挥着主导作用，包括国债一二级市场相关制度建设、基础设施制度安排、监管与联合监测等方面。

三、货币发行采用以国债为基础的主权信用模式

美国、日本、英国等成熟市场经济体国家的货币发行机制基本都以主权信用模式为主，以本国国债作为信用锚通过公开市场操作投放基础货币，国债是货币当局资产端关键的信用压舱石，且本国国债与本国货币国际化相辅相成，通过高流动性的国债市场来强化本国货币的国际地位。信用货币制度下，财政与货币两大政策共同创造信用，这其中，国债发挥了核心纽带作用。

具体来看，中央银行基础货币主要由现钞和准备金构成，基础货币的扩张由中央银行增加资产的行为所产生，其中资产购买是最为重要的部分。中央银行也可以通过抵押回购和再贷款等形式投放基础货币，但这对整个金融体系产生的影响与资产购买方式还是有较大区别：其一，抵押回购和再贷款有期限限制，到期后面临着交易续作所产生的流动性压力。以国债为主的资产购买计划对于流动性的作用是永久性的，除非中央银行通过卖出国债回收流动性，否则，即使债券到期，美联储也可以通过滚期续购方式继续持有国债，从而保证投入市场的流动性水平的稳定。西方发达经济体中央银行投放短期流动性多采用回购等方式，投放长期流动性主要依靠购买国债。其二，抵押回购和再贷款增加的现金投放只能间接影响收益率曲线。金融体系内多出来的流动性是否会流向国债，并且流向什么期限的国债，受到的影响十分复杂。中央银行购买国债，却能够直接影响国债收益率曲线，从而更为明确地向市场传递政策信号。其三，中央银行回购和再贷款等操作主要面向特定机构，而购债投放能够更市场化地确定流动性接收对象，扩大受益面，减少机构之间资金的二次传导，缓解流动性效率损失和成本加成。其四，中央银行在市场流动性遭遇冲击时，

可以及时充当最后做市商。首先，通过回购或购买的方式确保国债市场的流动性不受挤压；其次，在必要时可以用高流动性的国债去置换金融机构手中的低流动性资产，从而盘活市场流动性。从这一过程可以看出，事实上国债已经具备了类似"货币"的功能。

四、财政货币政策协调配合共同推进国库现金管理

国库现金管理通常要实现三个目标：一是满足日常财政支出需求；二是保证国库现金的合理收益；三是避免与中央银行货币政策操作产生冲突。从各国国库现金管理实践来看，财政部负责国库现金管理的主要决策事项，中央银行管理国库总账户，提供资金清算等服务，已经成为各国惯例。目前，各国普遍建立了国库单一账户体系，并实行库底目标余额制度，用于满足当日财政支出需求，同时减少财政存款对中央银行流动性管理的冲击。实行库底目标余额制度需要财政与货币当局协调配合，对国库现金量进行精细的预测。目前各国普遍建立了国库现金管理的沟通协调机制，该机制可以就相关信息进行充分的交流和共享，对未来国库现金流开展合理预测，讨论国库资金市场化运作方式，保障国库现金管理与流动性管理平稳进行。

目前国际各国普遍采用多种国库现金管理工具，实现双向操作：当国库现金短期不足时，通过发行短期国库券弥补短期缺口；当国库现金盈余时，通过买回国债、逆回购等方式降低政府融资成本。通过构建丰富的国库现金管理工具箱，在实施国库现金管理的同时尽可能地减少对市场流动性产生影响。

五、短期国债市场的重要性日益提升

2008 年金融危机以来，各国政府在救市过程中普遍采用以量化宽

松为代表的非常规货币政策，大规模地购买以国债为主的各类资产，以此向市场投入巨量的流动性，缓解金融危机，坚定市场信心。而在各国非常规货币政策的操作过程中，短期国债的重要性日益提升，货币当局操作的国债中，短期国债的比重普遍超过了长期国债。相对于长期国债，短期国债的期限较短，对远端收益率的影响不大，因此货币当局购买短期国债对于收益率期限结构的影响相对较小，既不会扭曲市场对于远期收益率的预期，又能向市场提供合意的流动性规模，可以较好地兼顾救市和市场合理预期。同时，扩大短期国债的发行，不仅是可以非常规货币政策的操作，也可以丰富国债品种，扩大政府的融资来源，降低融资成本，对于财政融资可持续健康发展具有重要意义。结合当前流动性市场变化的主要趋势来看，整个金融体系的流动性管理已经与国债尤其是短期国债紧密相连。短期国债，甚至是以短期国债为基础的货币基金已经更为广泛地承担了机构现金管理的"货币"职能。

六、正确看待赤字和债务上限问题

从美国和日本的经验来看，两国在 2008 年金融危机之后常常受到通缩和有效需求不足的困扰，为了刺激经济重回正轨，财政扩张屡次突破赤字率或债务上限。新冠疫情以来，美国债务上限突破 30 万亿美元大关；英国的赤字率和债务率分别达到 12%、97%，远超《欧洲联盟条约》或《马斯特里赫特条约》规定的 3% 与 60% 限制条件。这些情况均表明特殊时期需要特殊政策安排，需要密切评估国内有效需求、物价以及货币币值状况，在有效需求不足时宏观政策组合应关照现实情况，重新科学地设置赤字约束或债务上限。

各个主要经济体的财政与货币政策协调配合实践表明，相对于设置一个固定的债务上限，然后在实践中反复博弈突破该上限，反而不如更科学地设置债务上限。以增长和就业为目标，采取灵活的相机抉择策略使债务上限可以在一定范围内波动，这可能是符合实际且后遗症更小的政策选择。

七、财政与货币当局协同健全国债收益率曲线，共同推动曲线深入应用

美国、日本、英国、德国等国通过财政或货币当局编制发布了国债收益率曲线，编制的价格源、方法论与质量控制等一般指定其他机构配合提供。美国和日本由财政部编制并发布国债收益率曲线（或关键点位值），英国和德国（欧元区）主要由中央银行编制发布，并且欧洲中央银行编制发布了全部欧元区统一的国债收益率曲线（并区分了不同信用等级）。编制过程中价格源由基础设施机构、自律组织、市场信息商等配合提供，美国由美联储提供市场报价数据作为编制输入价格源，日本由日本证券业协会提供价格信息源，英国由债务管理办公室、彭博社、做市商协会等提供价格源。

财政和货币当局协调配合形成健全的国债收益率曲线。一是财政当局尽量保证国债发行期限的完备，保证收益率曲线各个期限点的完整性；二是财政部和中央银行协调配合，共同促进国债二级市场流动性，保证价格信息的充分有效；三是国债收益率曲线需财政或货币当局，或由其指定的专业并且中立的机构进行编制和维护，确保编制方法透明并严格质量管控，财政部与中央银行同时予以公开发布支持，为市场各方提供公允参考。

在此基础上，财政与货币当局应共同着力推动国债收益率曲线

深入应用，发挥无风险利率基准的关键作用。一是财政与货币当局建立联合的国债收益率曲线应用评估小组，推动金融机构在金融工具与金融资产定价过程中广泛参考国债收益率基准，并将相关应用情况纳入对金融机构的考核中。从国内外经验看，国债收益率充当了企业债特别是长期限房贷、企业债券收益率的定价基准，在银行内部资金转移定价及存贷款定价中发挥着重要基准作用，还在金融衍生品等金融资产定价中挂钩国债收益率基准。二是推动货币当局公开市场操作买卖国债，推行货币发行与货币创造向主权信用模式转变，推动建立以国债收益率曲线为中介目标的货币政策框架与传导路径。从各国应用实践来看，国债收益率曲线被广泛应用于主要国家的货币政策操作框架中，包括特殊背景下的收益率曲线管理（控制）、扭曲操作、政策中介目标和政策传导机制等诸多方面。

第三章 我国财政政策与货币政策的协调配合

第一节 宏观调控上的协调配合

　　财政政策与货币政策的协调配合在我国重要的政策文件中也曾被反复提及（见表3-1）。早在2011年，《中华人民共和国国民经济和社会发展第十二个五年规划纲要》就指出，要加强和改善宏观调控，加强财政、货币等各项政策协调配合。2021年中央经济工作会议也强调，财政政策和货币政策要协调联动，统筹兼顾短期宏观调控与中长期经济发展，保障经济"稳字当头、稳中求进"。党的二十大报告中也明确指出：健全宏观经济治理体系，发挥国家发展规划的战略导向作用，加强财政政策和货币政策协调配合，着力扩大内需，增强消费对经济发展的基础性作用和投资对优化供给结构的关键作用。

表 3-1　对财政货币政策配合的相关政策梳理

年份	会议/政策	宏观政策配合相关内容
2011	《中华人民共和国国民经济和社会发展第十二个五年规划纲要》	加强和改善宏观调控。巩固和扩大应对国际金融危机冲击的成果，把短期调控政策和长期发展政策有机结合起来，加强财政、货币、投资、产业、土地等各项政策协调配合
2012	《金融业发展和改革"十二五"规划》	进一步加强财政政策与货币政策之间的协调配合，科学确定财政政策与货币政策的松紧配合
2015	《中共中央关于制定国民经济和社会发展第十三个五年规划的建议》	完善以财政政策、货币政策为主，产业政策、区域政策、投资政策、消费政策、价格政策协调配合的政策体系，增强财政货币政策协调性
2015	《关于妥善解决地方政府融资平台公司在建项目后续融资问题的意见》	财政部、中国人民银行要加强财政政策和货币政策的协调配合，为地方政府发行债券创造良好的市场环境
2018	《国务院关于落实〈政府工作报告〉重点工作部门分工的意见（2018）》	继续创新和完善宏观调控，把握好宏观调控的度，保持宏观政策连续性、稳定性，加强财政、货币、产业、区域等政策协调配合
2019	《中共中央关于坚持和完善中国特色社会主义制度——推进国家治理体系和治理能力现代化若干重大问题的决定》	健全以国家发展规划为战略导向，以财政政策和货币政策为主要手段，就业、产业、投资、消费、区域等政策协同发力的宏观调控制度体系
2020	《第十三届全国人民代表大会第四次会议关于 2020 年国民经济和社会发展计划执行情况与 2021 年国民经济和社会发展计划的决议》	充分发挥宏观政策协调机制和重点省市"六稳""六保"会商机制作用，中央与地方之间、部门之间的政策联动协调不断增强，宏观经济治理体系更加完善，政策稳定性、可预期性和透明度进一步提升
2020	《第十三届全国人民代表大会第三次会议关于 2019 年中央和地方预算执行情况与 2020 年中央和地方预算的决议》	财政政策要同货币政策及就业、消费、投资、产业、区域等政策形成合力，健全政策协同发力的宏观调控制度体系
2021	中央经济工作会议	统筹短期宏观调控和中长期经济发展，加强财政政策与货币政策的协调联动，推动财政、货币、就业政策和产业、投资、消费、社会、环保、区域等政策形成系统集成效应
2021	《中华人民共和国国民经济和社会发展第十四个五年规划和 2035 年远景目标纲要》	健全以国家发展规划为战略导向，以财政政策和货币政策为主要手段，就业、产业、投资、消费、环保、区域等政策紧密配合、目标优化、分工合理、高效协同的宏观经济治理体系

年份	会议/政策	宏观政策配合相关内容
2022	党的二十大报告	健全宏观经济治理体系，发挥国家发展规划的战略导向作用，加强财政政策和货币政策协调配合，着力扩大内需，增强消费对经济发展的基础性作用和投资对优化供给结构的关键作用

资料来源：作者自行整理。

自中华人民共和国成立以来，我国经济体制经历了从计划经济向社会主义市场经济的转变。在经济发展过程中，财政政策与货币政策的协调配合积累了丰富的实践经验。发展至今，主要分为以下几个阶段：

一、1992～1997 年，适度从紧的财政货币政策

自 1992 年邓小平南方谈话后，面对货币供应量大幅增长、通货膨胀压力持续存在的情况，我国采取了紧缩性的财政政策与货币政策。财政政策的发力点主要集中在财政支出、赤字和税收改革方面，包括控制财政支出和财政赤字增速，进行税制改革，清理相关税收优惠政策，规范地方的减免税权限。货币政策的调整则具体表现为控制基础货币投放，降低广义货币（M2）增速，上调利率控制信贷规模，抑制投资热情。

二、1998～2002 年，积极的财政政策和稳健的货币政策搭配

亚洲金融危机是中国经济于改革开放后首次遭遇的外部冲击。中国经济面临出口受阻、消费与投资不足、货币贬值压力加大等问题。

在此阶段，宏观调控采用积极的财政政策与稳健的货币政策协调配合的策略来应对国内外经济压力。

财政与货币当局通过相互配合发行特别国债，夯实金融机构的风险防御能力，共同应对亚洲金融危机。亚洲金融危机爆发后，为了提高国有商业银行抵御金融危机冲击的能力，财政部决定发行2700亿元特别国债，为国有商业银行注入资金，补充商业银行资本充足率，降低金融市场发生系统性风险的可能性。在此之前，中央银行先降低法定存款准备金率，向金融体系释放储备金，为财政部通过发行特别国债提高商业银行资本充足率提供适合的货币金融条件。我国财政政策与货币政策的协调配合，对在亚洲金融危机下保持经济的稳定增长发挥了重要作用。这种通过发行国债、配套银行贷款加强政府投融资的做法，对应对亚洲金融危机、弥补经济短板、提高基础设施建设水平、促进经济增长起到了重要作用。

三、2003～2007年，稳健的财政政策搭配稳健的货币政策

中国加入世界贸易组织（WTO）之后，融入全球化的进程再次加快，外汇储备激增、通胀压力抬头；部分行业和地区投资增长加快、煤电油运局部紧张；总需求较旺但消费相对不足，长期的经济刺激政策使得投资过高，出现了通胀苗头，经济需要进行结构型调整。从2005年起，中央开始实行双稳健的财政与货币政策。

财政货币政策协调配合，通过发行特别国债，探索改革外汇储备管理体制的新机制。我国经济在2004～2007年一直保持着平均10%的增长速度，外汇储备的持续流入令货币当局被动增加了大量的现金投

放，为了应对流动性过剩、缓解通胀的压力，我国财政部发行1.55万亿元的特别国债用于购买美元外汇，并将所购外汇作为投资公司的资本金。在这一过程中，中央银行并未直接从财政部购买特别国债，而是由商业银行在一级市场先行购入特别国债，再由中央银行在银行间市场购入。财政部门用发债募集的资金购买中国人民银行的外汇作为投资公司的资本金对外投资，并以此来探索改革外汇储备管理体制的路径。发行特别国债回笼中央银行投放的货币，降低了外汇储备增长速度，从而缓解了流动性过大的压力，并通过投资公司对外投资，提高资金利用效率。实施发行特别国债购买外汇的措施后，增加了国债的存量，为中国人民银行提供了新的公开市场操作的工具，这是财政政策和货币政策协调配合的一次积极尝试。

四、2008～2010年，积极的财政政策和适度宽松的货币政策

次贷危机爆发给我国经济带来了巨大冲击，为重振市场信心，在危机爆发后，将财政货币政策调控要点定位为"保增长""扩内需""促民生"，从2008年起，政府迅速布局，开始实施积极的财政政策与适度宽松的货币政策。

财政货币政策共同实施4万亿元投资计划。我国加强两大政策的协调配合，共同抵御国际金融危机对经济带来的不利影响。2008年11月推出了进一步扩大内需、促进经济平稳较快增长的一揽子计划，共十项措施，到2010年底约投资4万亿元。其中，中央与地方政府财政支出占总金额的50%左右，银行贷款金额占比约为35%，剩余部分由企业自行筹措。这4万亿元资金主要投向了保障性住房、民生工

程和基础设施、社会事业发展、节能减排和生态工程、自主创新与结构调整、灾难重建等多个领域。这个一揽子计划对拉动社会消费投资和稳定经济发挥了重要作用，促进了我国经济结构调整和发展方式转变，改善了农村的生产生活条件，缩小了城乡收入差距，为加强保障民生奠定了基础。总体来看，我国采用积极的财政政策与适度宽松的货币政策，为应对国际金融危机、促进国内经济平稳增长及世界经济复苏发挥了重要作用。汶川灾区重建、节能减排、生态建设、农村基础设施建设等也取得重大进展。但在政策传导中，地方政府债务快速增长，信贷规模增长过快，也为下一步的经济运行带来了新的隐患。

五、2011年至今，积极的财政政策和稳健的货币政策

金融危机后，中国经济逐渐步入新常态，结构性问题成为亟待解决的关键问题。为积极稳妥处理好经济平稳较快发展、经济结构调整和通胀预期管理的关系，2011年起开始实行积极的财政政策和稳健的货币政策。积极的财政政策包括：有增有减的结构型减税，支持结构调整，促进企业转型与投资，提高居民消费能力，促进对外贸易；财政支出方面主要以惠民生、调结构、补短板、增动力、防风险为主；财政赤字稳步提高，赤字规模和债务风险总体可控；财政体制改革不断深化，财政管理水平不断提高。货币政策通过创新和优化组合货币政策工具，合理调节流动性，运用利率引导信贷和社会融资规模，推进金融改革，为促进经济总量稳步发展、经济结构优化营造货币金融环境。2018年国际政治经济环境变化使中国经济面临下行风险，中央银行相继实施一系列措施：降准置换便利（MLF）、中期借贷质押品扩容、民营企业债券融资支持工具、信用风险缓释工具（CRMW）等，缓解实体企业的融资压力并维护金融体系稳定。2020年面对新冠

疫情冲击，中央银行拿出 1.8 万亿元用于支农支小再贷款和再贴现政策。从政策实施成效上来看，新时期，中国人民银行灵活运用多种结构性货币政策工具，具有定向和直达的特点，更多指向小微、民营企业以及碳减排领域的信贷支持，有效助力了市场主体纾困、促进了实体经济发展。但结构性货币政策工具令金融机构所产生的风险堆积问题，也需要密切关注。

第二节　机制安排上的协调配合

一、目标与职责的确立

（一）政策目标

我国财政与货币政策分别立足于现代财政制度与现代中央银行制度实施调控，共同助力宏观经济调控总目标的实现。尽管在经济运行实际过程中，财政政策与货币政策均呈现出目标多元化的特征，但双方的目标都包含稳定货币并以此促进经济增长的内涵。1995 年，《中国人民银行法》明确规定我国货币政策目标是追求货币币值稳定并以此促进经济增长。2016 年，时任中央银行行长周小川将中国货币政策最终目标概括为"4+2"，即维护价格稳定、促进经济增长、促进就业、保持国际收支大体平衡以及推动改革开放和金融市场发展等。同样，财政政策也始终围绕既定的几个目标，根据实际情况综合施策：一是经济发展目标。保持合理的经济增速是所有改革发展的前提。财政的收入与支出，对于经济增长将产生直接影响。二是社会稳定。社会稳定意味着相对稳定的社会秩序和较小的公共风险，完善的财税制度可以在其中发挥"自动稳定器"的作用。三是国际融合。国际融合目标要求财政政策站在全球一体化的视角进行政策调控，使中国经济社会发展积极融入国际社会中并获取最大利益。

（二）职责分工安排

在政府债务的实际管理工作中，中央银行与财政部的职责有着明确的分工。我国财政部的主要职责是拟订和执行政府国内债务管理制度和政策；依法制定中央和地方政府债务管理制度和办法；编制国债地方政府债余额计划；统一管理政府外债，制定基本管理制度。《中国人民银行法》明确规定，中国人民银行可以代替国务院财政部门向各金融机构组织发行、兑付国债和其他政府债券，但不得对政府财政透支，不得直接认购、包销国债和其他政府债券。

在国库现金管理方面，我国有明确的部门规章确定了财政部与中国人民银行各自的职责。财政部与中国人民银行共同制定出台了《中央国库现金管理暂行办法》和《地方国库现金管理试点办法》，分别明确了财政部门和中国人民银行在国库现金管理中的职责和权限，以加强财政部门与中央银行在国库现金管理上的配合。财政部主要负责国库现金预测并根据预测结果制定操作规划，中国人民银行主要负责监测货币市场情况，财政部与中国人民银行协商后签发操作指令，中国人民银行进行具体操作。在国库现金商业银行的定期存款定价中，财政部门、中国人民银行、各家商业银行三方基本上遵循国家和地方利率市场自律机制，避免国库现金管理对市场利率的干扰。财政部和中国人民银行根据中央和地方国库现金管理的汇总情况，分别安排国债发行和中央银行货币市场操作。

二、信息交流共享机制

我国财政和货币政策正式的交流机制主要体现在下列各种组织安

排中：其一，经国务院批准，中央银行于 1997 年成立货币政策委员会，委员会的职责、组成及工作程序均由国务院规定。货币政策委员会包括中央银行行长、副行长，财政部副部长，统计局局长，证监会、银保监会主席及专家学者等多位成员。委员会通过季度例会制度就货币政策有关事项进行讨论，并给出明确的政策建议，在我国宏观调控与货币政策实施中发挥着重要作用。其二，2017 年全国金融工作会议宣布设立国务院金融稳定发展委员会，其目标是补齐金融监管短板，统筹协调金融政策与相关财政及产业政策的关系，维持金融稳定和改革发展。国务院金融稳定发展委员会的成员包括中央银行行长与副行长、财政部副部长、证监会主席、银保监会主席等部门负责人，会议频率相对较高，及时协调处理涉及金融改革、金融风险化解等多方面的重点工作。其三，财政部与中央银行主要负责人作为成员参加中央财经委员会。2018 年 3 月，中国共产党中央委员会将中央财经领导小组改为中央财经委员会，负责经济金融领域重大工作的顶层设计、总体布局、统筹协调、整体推进、督促落实。

财政和货币两大政策协调的非正式交流更多以公文会签的形式开展。尤其在国债、国库现金管理等方面，两部门在具体工作中一直有着密切关联。在国债管理方面，财政部与中国人民银行和证监会共同承担国债发行承销团的资格审批工作。财政部制定年度国债发行计划，确定各期国债发行条件，组织国债发行，创新国债品种和发行方式。国债由中央国债登记结算有限责任公司（以下简称"中央结算公司"）管理，并且应于每月 10 日前将对账结果汇总上报财政部。财政部通过公开招标方式从市场买回国债时，由中国人民银行的观察员在招标现场观察。招标结束当日，财政部向社会公布经财政部、中国人民银行共同确认的招标结果。依据招标结果和中央结算公司对于买回国债的冻结成功信息，财政部向中国人民银行开具"中央预算拨款电汇凭证"。在国库现金管理方面，《中央国库现金管理暂行办法》明确要求财政部、中国人民银行在明确相关职责分工的前提下，建立必要的协调机制，包括季度、月度例会制度以及在每期操作前进行必要沟通。如果两部门在出台相关政策前的沟通有限，可能就无法保证财政和货币政策的有效协调。财政部与中央银行下属涉及国债等业务的司局较多，财政部相关司局主要有预算司、国库司、金融司和税政司；中国人民银行相关司局主要包括货币政策司、国库局、金融市场司和货币政策二司等。两部门相关司局之间的沟通协调机制，在系统化、稳定化和机制化方面仍有待进一步加强。

三、货币发行机制

我国中央银行投放基础货币的渠道主要有以下两个：一个是外汇占款，对应货币当局资产负债表资产项下的外汇科目；另一个是对金融机构的债权，包括再贷款和再贴现，以及近年来创新推出的常备借贷便利（SLF）、中期借贷便利（MLF）和抵押补充贷款（PSL）等，对应货币当局资产负债表资产项下的其他存款性公司债权科目。

2015 年开始，我国货币发行机制逐渐由外汇占款模式向中央银行再贷款模式转变。2004~2014 年，我国持续的贸易和资本双顺差导致外汇储备迅速增加，当时，我国实行的是外汇资产型货币发行模式。这种模式，能够为货币发行提供相对稳定的价值锚，极大地促进了币值的对外稳定，但这一模式也影响到了我国货币政策的自主性，即国内的货币发行量和发行节奏将不可能避免地受到货币当局被动吸纳外汇的影响。为了对冲大规模的外汇储备增长，中国人民银行不得已实施了发行央票和提升法定存款准备金率的政策。发行央票实际上就是强制回笼过多的流动性，这实际上也是一种国家债务，只是发行主体由财政当局变成了货币当局；同时，由于中美利率水平并非总是协调一致，发行央票的成本可能会在一段时期内高于外汇储备投资美债的收益，进而影响整体外汇储备的综合收益。而被迫不断提升的法定存款准备金率，势必会提高商业银行的资金成本，增加了商业银行资产负债的管理难度。2014 年开始，我国经常项目顺差强劲的增长势头开始发生变化，同年第四季度开始，资本金融项目甚至出现连续逆差，人民币兑美元汇率一度出现贬值趋势。从 2014 年底开始，中央银行外汇资产存量不断减少，为了应对这一变化，中央银行开始通过信贷模式主动投放基础货币。中央银行通过使用强化再贷款等传统货币政策工具，不断创新货币政策工具，如 SLF、MLF、PSL 等。这些新型货币政策工具在投放时都要求备有合格抵押品，包括国债、政策性金融债、高等级信用债等优质债券类资产，特定情况下，根据政策导向的要求，允许金融机构将特定信贷资产作为抵押品从中央银行获得资金。合格抵押品虽然包含了个别企业信用，但绝大部分仍然以主权信用的国债为主，从这个意义上讲，国债市场的稳步发展事实上已成为货币发行的重要基础。

中国人民银行公开市场操作过程中，买卖国债并未成为一种机制性安排。当前，中央银行直接持有的国债主要是 1998 年和 2007 年发行特别国债定向发行部分（以及特别国债到期续发）。即使当前各种再贷款模式也令中央银行持有不小规模的国债作为抵押品，但质押式回购的方式使得中央银行并不具备国债吞吐的支配权。由于中央银行事实上近似于不持有国债，从而丧失了公开市场买卖国债所产生的政策传导渠道，同时在流动性管理中也缺少一项强有力的调节工具。并且，在这种格局下，中央银行对财政融资支持的路径也变得更为复杂。

建立中央银行公开市场买卖国债的常规化操作机制，完善我国货币发行机制。借鉴国际经验，世界主要发达经济体均采用以主权信用模式为主的货币发行机制。以国债为货币之锚，则具有得天独厚的优势。对于中央银行来说，国债风险最低，价格也最稳定，能为货币发行提供稳定的价值基础；同时，成熟的国债市场也为货币政策的实施提供了切实有效的操作工具。此外，国债市场形成的收益率曲线也能成为金融资产定价的基础。对于财政部而言，中央银行持有国债，能够有效扩大财政收入的来源，降低对税收的依赖性，从而拓展财政政策实施的空间并提高其灵活度。

但在这一机制的实施过程中，应该考虑以下三方面的问题：

第一，《中国人民银行法》规定，中国人民银行不得对政府财政透支，不得直接认购、包销国债和其他政府债券。因此，中央银行货币发行机制的转变，只能是通过二级市场公开买卖国债实现。这一过程中，中央银行没有承接政府债务发行的必然义务。因此，也不应该将控制赤字和约束债务扩张的责任强加于这一操作机制。第二，中央银行买卖国债的期限选择问题。对中央银行而言，如果买卖国债主要是为了调节市场流动性，那么短期国债应是首选。尤其是当前我国短期国债较为匮乏，财政发行短期国债的需求较为充足，中央银行和财政部应协调配合，共同培育短期国债市场的发展。另外，中央银行的主要机制可以由购买长期限国债逐步过渡到永久性货币投放，这同时也能对财政赤字融资提供持续的支持。第三，中央银行公开买卖国债和货币发行机制的转变涉及中央银行资产负债表结构的深层次调整，这将是一个复杂的过程，在切换的过程中尤其要注意中央银行资产负债表各个科目之间的变动关系，以尽量减少对金融系统和实体经济的影响。

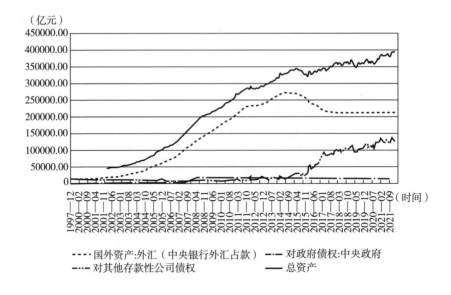

图 3-1　货币当局的资产端时序

资料来源：Wind。

四、公共债务管理机制

（一）债务管理组织体系

我国的公共债务管理部门主要有财政部、中国人民银行、全国人大常务委员会预算工作委员会等。财政部预算司承担政府债务管理有关工作以及预算绩效管理制度体系建设，国库司组织预算执行、监控及分析预测，承担政府债发行、兑付等工作。中国人民银行的国库局为财政部门开设国库单一账户，办理预算资金的收纳、划分、留解和指拨业务，代替国务院财政部门向金融机构发行、兑付国债和其他政府债券等。财政部召开季度国债会议，在会议上，财政部总结国债、地方债发行管理有关事宜和市场运行情况。中国人民银行货币政策司、国库局等职能部门代表、国债承销团成员、中央国债登记结算有限责任公司等相关部门受邀参会。

（二）债务发行计划管理制度

在全国人大批准的年末国债余额限额以内，财政部会对当年国债发行的内外债结构、品种结构、期限结构、发行时间、每次发行额、全年发行次数等进行统一管理。财政部向国务院上报年度国债发行方案，制定发布全年国债发行计划和季度国债发行计划，提前对外公布年度和季度国债发行计划，目的是提高国债管理政策透明度，避免国债发行对市场的冲击。

（三）国债规模管理制度——国债余额管理

我国自 1981 年恢复发行国债至 2005 年一直采用控制国债年度发行额的方式管理国债规模。但随着我国国民经济持续快速发展、国债筹资规模不断扩大和国债市场发展完善，国债发行额管理的弊端逐渐显现。例如，不能有效控制和全面反映国债规模及其变化情况，不利于降低国债筹资成本，不利于财政政策和货币政策有效配合等。经全国人大常委会批准，我国从 2006 年开始采用余额管理的方式管理国债。我国的国债余额管理方式是每年全国人民代表大会为当年年末国债余额规定一个限额，当年中央政府可在该限额内安排国债品种结构、期限结构和发债节奏。实行国债余额管理制度，进一步提高了我国财政管理的透明度，有利于防范财政风险，并将国债余额控制在合理的范围内。

（四）赤字管理

随着我国现代化治理能力的不断提升，财政赤字融资渠道日益规范化，财政赤字融资运作不断市场化。多年来，受现有国际惯例标准的影响，我国赤字率安排基本维持在 3% 以内小幅变动，财政赤字依存度也始终保持在国际公认警戒线30%的范围内，政府债务耐受性、风险防控能力较强。在我国的赤字管理实践中，财政赤字主要指一般公共预算收支差额，而非广义上的财政总收支差额，这使收支差额在财政"四本账"的不同账户之间进行调剂成为可能，但也对客观分析财政形势提出了更高的要求。随着我国经济进入新常态，财政同时面临收支两端压力，财政赤字融资规模持续扩大。在这种现实背景下，狭义的财政赤字是否应该扩容为广义的财政赤字，3%的固有赤字标准是否也应该随之调整，都值得深入探讨。

赤字融资是今后我国财政政策的重要任务之一，也是货币政策必须考虑的要素之一。当前世界处于百年未有之大变局，次贷危机以来，全球经济一直处于"低增长、低通胀"的态势之中，为走出后危机时期的经济泥潭，主要发达经济体普遍采用"低利率、高债务"的宏观经济政策。而新冠疫情又为脆弱的经济金融体系带来沉重的一击，供给冲击使得全球低通胀环境迅速改变，加上发达经济体屡次艰难尝试回归货币政策常态化，债务所衍生出的压力已经对全球经济金融体系形成了现实冲击。在面对复杂严峻国际形势，以及国内经济也面临"需求收缩、供给冲击、预期转弱"三重压力的背景下，未来我国财政收支缺口将越来越大，赤字融资需求将更加突出，对货币供给与信用扩张造成了深远的影响。因此，赤字融资与债务管理必将成为财政与货币政策协调配合的主要领域。在债务上限与赤字管理方面，若一味恪守3%的赤字规则，将限制财政对于经济支持的力度与效果。

科学设置债务上限，既要满足财政对经济支持力度，又要保持债务可持续。经典财政预算约束条件为：

$$d_{t+1}-d_t = (r_t-g_t)\ d_t-s_{t+1}$$

其中，d 表示政府债务率（债务余额/GDP），r 表示利息率（债务利息/债务余额），g 表示经济增长率，s 表示财政基本盈余率（财政盈余剔出债务利息支出部分，占 GDP 比重）。根据财政预算约束条件，政府债务率变化与经济增速、利息率以及财政基本盈余之间存在相互制约的关系。在经济增速下降的背景下，低利率政策是实现政府债务可持续的必要条件之一。上式中，r_t、d_t 实际上正是政府债务的利息负担，利息负担的下降，可以减轻债务率上升带来的压力。此外，一般经济理论认为财政支出可以促进经济增长。由此，站在债务可持续角度看，财政支出对于经济增速（g_t）的正向作用和对财政基本盈余（s_{t+1}）的负向作用之间存在着一种权衡关系。在经济衰退期，发债成本较低，而产出效率通常较高，发债支出利大于弊，此时适合举债促进经济复苏。当前我国面临经济下行压力和有效需求不足的问题，私人投资消费均处于紧缩状态，财政政策应更加积极主动，充分发挥其结构性调整和直达实体的优势，实现"稳经济"；同时，货币政策予以配合，通过量、价等调控方式，控制财政融资成本，助力实现"稳债务"。

第三节　操作层面的配合

一、国债市场建设

（一）国债品种及期限

我国国债品种不断丰富，期限结构逐步优化，为货币政策的操作提供了有效的工具。中国财政部数据显示，国债发行初期，主要为 5 年、9 年中长期国债，后增加了 2 年、3 年期限。2009 年，我国首次发行了 50 年期国债，至此我国成为国际上少数几个能发行 50 年期超

长期国债的国家。值得注意的是，在 2006 年实行余额管理制度之前，
1 年期及以下短期国债所占比重较小，1993 年以前甚至从未发行过。
2006 年实行国债余额管理制度之后，短期国债发行量明显增加，在
2010 年达到 5937 亿元人民币，占当年全部国债发行量的 33%；1~5
年期中期国债发行量所占比重一直处于较高水平，在 1996 年之前几
乎占据国债发行额的全部，2006 年之后所占比重有所下降；从 1996
年起，7~10 年中长期国债每年发行额占比变得较为稳定；10 年期以
上的长期国债则从 2001 年起才开始发行，其发行额所占比重除个别
年份外，一直较小，维持在 10% 左右。如今我国记账式国债形成了从
3 个月到 50 年共 14 个类别的短、中、长期合理分配的结构，关键期
限也不断扩展。2020 年，财政部将 2 年期纳入关键期限，并实现滚动
发行。

作为发行期限在 1 年以下的短期国债，通过科学地安排债券期
限、发行规模和滚动发行机制，能够起到快速有效筹集财政资金、完
善国债市场运行机制、有效连接财政政策与货币政策等作用。以大幅
增加短期国债规模为重点，大力发挥短期国债作用，不仅很有必要，
还切实可行。经过上文的分析可知，国债余额制度是短期国债发行的
制度基础，2019 年短期国债发行规模在我国国债总发行规模中的占比
为 18%，而余额占比仅为 1%，同期美国的 1 年期以下短期国债发行
占比为 77%，余额占比为 15%，相比之下，我国的短期国债发行还存
在较大的空间。增加短期国债的发行规模有利于完善国债市场结构，
完善国债收益率曲线，短期国债发行不容易产生挤出效应，既能较好
控制筹资成本，也有利于加快完善我国货币市场操作的长效机制。我
国现在的货币政策操作以 SLF、MLF 等方式投放长期流动性，参考发
达国家的成熟做法看，通过买卖国债提供长期流动性可能更为有效。

中央银行短期流动性调节也可增加买断式回购的方式，这在扩展操作工具的同时，还能进一步提升国债的流动性。相对应的，国债品种的丰富，特别是短期国债的合理供给机制应该同步加快建立。

（二）国债一级市场

近年来，我国国债一级市场已跃居世界前列，国债发行市场化程度也不断提升。在国债发行阶段，国债承销团制度日趋成熟。多数承销团成员都是中国人民银行公开市场业务的一级交易商和债券市场做市商，保障了国债一级市场和二级市场协调发展。中央银行与财政部相关部门共同组织开展对承销团成员的监督检查，对各承销团成员单位的国债宣传、组织销售、报表报送、会计核算等工作的开展情况进行全面评价和打分，并考核评比。近年来，我国中央银行多次降准降息，为政府融资创造了宽松的货币金融环境。在财政发债前后，货币政策工具通常会给予配合，特别是当发行规模较大的国债时，会通过降准等操作维护市场流动性。

国债发行机制逐步透明化、市场化。发行机制逐渐透明化、常规化，采用滚动发行、续发行等发行机制，有助于国债发行的预期管理，提升国债二级市场的流动性，也为中国人民银行的流动性管理提供便利。20世纪90年代以来，我国逐步推进国债发行机制改革，建立健全国债集中托管及电子化发行系统，记账式国债发行采用竞争性招标方式，财政部通过发行系统中心端完成记账式国债发行远程招标。国债发行的市场化水平持续提升，为有效实施财政宏观调控政策奠定市场基础。此外，我国国债管理透明度不断加强，国债发行计划提前公布。1996年，财政部将按年集中发行国债改为按月滚动发行，2000年开始提前公布季度发行计划，2003年开始在年初公布关键期限记账式国债发行计划。我国定期滚动发行关键期限国债和短期国债，有助于国债发行的预期管理。续发行增加了单期国债的供给，有利于提高二级市场的流动性，形成有序的到期结构。不同期限的国债续发行频率不同，2017~2018年，绝大多数的国债遵循了"发一续二"的续发行规律。2019年之后逐步提升了续发行频率，出现"发一续三""发一续四"等续发频率。

相比国际发达市场，目前我国国债发行品种仍然较少，缺少通胀保值国债等创新性品种。通胀保值国债的发行对市场投资者而言，有利于通胀风险管理，在抗通胀的同时能带来稳定收益，增加了投资组合的多元化需求；对政府而言，有利于增加政府融资渠道和便利性，也为中央银行公开市场操作、施行货币政策提供了更多的工具选择。

（三）国债二级市场

近年来，财政部、中国人民银行、证监会等有关部门积极推动国债二级市场发展，共同维护国债市场流动性，采取了多项措施，不断拓展国债市场的深度和广度。一是引进了国债质押式回购、买断式回购、远期等新的交易品种，满足投资者多元化的交易需求，在提高市场交易积极性的同时，有效地控制了风险。二是财政部和中央银行联合建立国债做市支持机制，在银行间债券市场运用随买、随卖等工具，规范国债做市支持操作行为，推动国债二级市场流动性水平持续提升。而目前我国由于存在做市商风险管理工具缺乏、做市考核机制不完善等问题，做市商的做市支持能力和意愿仍有待提高，目前我国国债市场仍是以经纪商为主、做市商为辅的市场交易结构。三是始终坚持国债市场中央登记托管和穿透式监管的原则，完善相关风险防范机制。中央登记托管制度有利于提高市场效率，维护国债市场稳定，优化国债市场基础设施布局应坚持中央确权和穿透监管原则，避免重复建设和分割隔离。四是以国债收益率曲线为代表的第三方估值机制为市场交易者提供了连续、公允的国债价格信息，有助于提升市场透明度，具有促进国债交易流动性的积极作用。

近年来，我国国债换手率有较大提升，流动性逐步改善，国债换手率整体呈逐年上升趋势。2019 年、2020 年均突破了 2%，逐步与英国、美国的国债换手率接近，位居国际前列。

国债投资者结构趋于丰富。目前，政府债券的投资者结构以商业银行为主。政策性银行、非银行金融机构、非金融机构、境外投资者等持有国债的比重均有所增加，投资者结构的层次化特征更为清晰。投资者结构优化显著地改善了市场流动性，也提升了市场价格的发现效率。境内投资者可以通过银行间市场、交易所市场、柜台市场入市，其中银行间市场仍然占据主导；境外投资者可以通过"全球通""债券通"渠道入市，目前以"全球通"为主导。

（四）国债市场对外开放

随着我国债券市场对外开放的步伐不断加快，境外投资者投资中国国债的便利度得到大幅提高。2002 年，我国允许合格境外机构通过合格境外机构投资者（QFII）机制投资境内债券市场，是我国债券市场对外开放的起点。2010 年，监管机构发布关于允许境外中央银行或货币当局、港澳地区人民币业务清算行、跨境贸易人民币结算境外参加银行三类机构进入银行间债券市场投资和交易的政策，推出了银行间债券市场直接投资渠道（CIBM Direct），开启了银行间债券市场对外开放的大门。2011 年 12 月交易所试点运行人民币合格境外机构投资者（RQFII）制度，并于两年后批准 RQFII 投资者具有进入中国银行间市场的资格。2015 年监管机构允许境外中央银行类机构进入银行间债券市场和银行间外汇市场。2016 年根据《中国人民银行公告》（〔2016〕第 3 号），进一步放开境外机构投资者投资银行间债券市场，引入更多符合条件的境外机构投资者，取消其额度限制，简化管理流程。2017 年，在打通非居民投资境内债券通道的基础上，债券通（Bond Connect）"北向通"正式上线，联通内地和香港的金融市场，并以香港市场为门户，联结全球投资者，使国际投资者可以更便捷地投资境内债券市场中所有类型的债券。2019 年 9 月，对 QFII/RQFII 取消投资额度限制，进一步提高跨境投资便利性，吸引更多长期资金。2021 年 9 月，债券通"南向通"正式开通，允许境内投资者通过内地与香港相关基础服务机构在债券交易、托管、结算等方面互联互通的机制安排，投资于香港债券市场中交易流通的债券。2022 年 5 月，监管机构发布联合公告〔2022〕第 4 号（关于进一步便利境外机构投资者投资中国债券市场有关事宜），按照"一套制度规则、一个债券市场"原则，明确了在现行制度框架下、进一步便利境外机构投资者投资中国债券市场的整体性制度安排。债券市场中境外投资主体范围逐步扩大，境内外人民币资金形成了良性循环。

我国国债的国际认可程度不断提高。2021 年 10 月，中国国债被正式纳入富时罗素全球政府债券指数（WGBI），自此全球三大国际债券指数均已将中国国债纳入其中。这充分反映出国际投资者对于中国经济长期健康发展、金融持续扩大开放的信心，提升了中国政府债券在全球金融市场中的地位，境外机构也在不断扩大投资规模。

持续开拓国债的跨境担保品应用。国债作为优质担保品在国际资本市场中有着巨大需求。为了进一步发掘国债的金融属性，提升境外投资者对人民币债券的认可度，中央结算公司持续支持、拓展国债的跨境担保品应用，助力债券市场对外开放。目前，中央结算公司已为财政部国际财金合作中的国外贷款提供担保品管理服务，为上海黄金交易所国际板提供债券充当保证金的业务支持，为境外中央银行与境内金融机构开展货币互换提供履约担保，为境外 QFII 参与股指期货交易提供债券保证金支持。随着中国金融市场对外开放进程的不断推进，国债跨境担保品应用也将迈上新的台阶。

但目前外资机构可以投资的中国国债的品种仍然有限，境外投资者在交易工具等方面仍有扩充空间：其一，未能开展国债回购交易为参与中国国债市场的境外非银类机构投资者带来更高的流动性管理成本。回购交易是投资者进行流动性管理的基本工具，目前银行间债券回购仅允许境外中央银行类机构和人民币参加行、清算行参与，而注重资金使用效率的境外资产管理公司、境外保险公司等非银类机构投资者同样需要开展回购业务。其二，境外投资者因无法开展国债期货交易而面临更高的利率风险。国债期货是利率风险对冲的重要工具，目前我国国债期货尚未对境外投资者放开，无法满足其开展标准化利率风险对冲的需要，境外投资者只能通过卖出现券来管理风险敞口，这一方面将给境外投资者带来更高的风险管理成本，另一方面也不利于我国国债现货市场的平稳运行。

二、国库现金管理

随着 2001 年国库集中收付制改革的推进以及财政收入的持续增加，我国国库库底现金一度出现余额不断增加且波动幅度明显扩大的态势。但随着 2015 年我国经济步入结构性调整阶段，上述态势又有所放缓。即便如此，但大规模的现金余额仍然引起了人们对财政资金使用效率的担忧。更重要的是，国库库底现金余额大幅波动会对货币政策形成巨大冲击，加大中央银行货币政策操作的难度。随着我国经济结构性调整过程的深化，长期来看，在保障国库收支平衡及与货币政策协调等方面依然面临严峻的挑战。

我国目前建立了以国库单一账户体系为基础，资金缴拨以国库集中收付为主要形式的国库管理制度。我国国库单一账户体系可分为五类：一是在中国人民银行开设的国库单一账户，该账户依托中国人民银行的清、结算体系，可较为全面地反映中央和地方财政的库款；二是在商业银行开设的用于财政直接支付的零余额账户；三是在商业银行为预算单位开设的零余额账户；四是用于核算预算外资金的财政专户；五是用于核算特殊性质资金的特设专户。国库单一账户体系的建立，取消了以往设置的财政收入过渡性账户，实现了对国库资金的集中管理，五类账户各司其职、相互配合，成为进一步开展国库现金管理工作的重要前提和基础。在集中收付制度下，财政性收入直接缴入国库单一账户，财政性支出在实际购买行为得到确认时，从国库单一账户体系以直接或者授权的方式进行支付。整个支付过程，预算单位"花钱不见钱"，彻底解决了传统资金拨付模式下资金拨付链条长、环节多、效率低、透明度差，容易挤占、挪用财政资金等问题，支付效率和安全性大幅提高。

集中收付制度下的国库单一账户模式增加了中央银行流动性管理的难度。当前我国国库现金管理采用单一账户模式，导致大量资金冗余，中央银行资产负债表中财政存款的数额巨大，缴税、突击支出、政府债发行等因素导致政府存款波动较大，对基础货币形成"吞吐效应"，进而加大了中央银行流动性管理的难度，需继续推进国库现金目标余额管理。实施库底余额目标制度，对国库现金流预测提出了更高的要求。国际上，财政与货币当局通常通过协调配合对国库现金流量进行精确预测，财政当局负责制定税收政策、财政支出计划，货币当局负责监控账户资金波动，并通过公开市场操作平抑资金的盈缺。通常采用发行短期国库券、买回国债等多种方式双向调节，维持国库现金余额的稳定。

我国国库现金管理工具主要是商业银行定期存款、买回国债。商业银行定期存款指商业银行以国债、地方债为质押品获得国库存款并向财政部支付利息的交易行为，期限一般在 1 年（含 1 年）以内，不同品种债券的质押比例有所不同，国债按照 105% 的比例予以质押，地方债按照 115% 的比例予以质押。中国人民银行的统计数据表明，截至 2022 年 8 月，中央国库现金管理累计操作商业银行定期存款 132 期，操作规模 7 万亿元。总的来看，当前我国国库现金管理定期存款操作规模仍然偏小，且操作频率较少。2010 年以来的累计操作规模在 5000 亿元左右、每年平均操作约 10 期，与国库现金余额相比存在很大差距。另外，我国国库现金管理操作工具有待丰富。目前，中央国库现金管理操作只有商业银行定期存款和买回国债两种方式，并以 1 个月和 3 个月的商业银行定期存款为主。这两种操作方式均为单向投资工具，且属于短期操作品种。而国际上多采用短期债券融资（国库券、国库现金管理券）、定期存款拍卖和买回国债的双向灵活操作，与国际通行做法相比，我国国库现金管理操作工具仍待丰富。

财政部与中央银行协调配合进行国库现金管理。财政部主要负责国库现金预测并根据预测结果制定操作规划，中国人民银行主要负责监测货币市场情况。财政部国库司根据商定的月度计划和中央金库库款变动情况，与中国人民银行货币政策司、国库局协商。在招标日前五个工作日，财政部向中国人民银行签发操作指令，而后由中国人民银行发布招标通知。国债纳入国库现金管理操作，为财政部与中央银行配合调节市场流动性提供了便利。国库现金管理通常要求以记账式国债或地方政府债券现券作为质押，从而在保障国库资金安全的同时调控银行体系的流动性。由于商业银行获得国库存款需要国债作为抵押，刺激了商业银行的国债需求。开展国库现金管理，不仅有助于减少闲置资金浪费，提高财政资金使用效益，而且有助于提高国库管理水平，为财政部及时把握财政资金安全及风险波动情况、降低财政资金违约风险、释放国债流动性提供了有效途径。

三、国债收益率曲线建设

（一）共同促进国债市场发展与国债收益率曲线完善

健全国债收益率曲线相关工作得到了国家层面的高度重视，政府工作文件中曾多次强调该项工作的重要性。2013 年，党的十八届三中全会决议提出"健全反映市场供求关系的国债收益率曲线"，明确了国债收益率曲线的市场基准地位。财政部与中国人民银行等部门均积极落实决议要求，进一步提高对国债收益率曲线建设的重视程度。以2014 年为起点，国债收益率曲线的完善工作加快步伐，财政部、中国人民银行、银保监会官方网站陆续发布国债等收益率曲线。2020 年，中共中央、国务院发布的《关于构建更加完善的要素市场化配置体制机制的意见》以及《关于新时代加快完善社会主义市场经济体制的意见》再次强调，要健全反映市场供求关系的国债收益率曲线，健全基准利率和市场化利率体系，更好发挥国债收益率曲线定价基准作用。我国主管部门和国际机构对国债收益率曲线的高度重视有效提升了社会公众对其的关注度和认可度，国债收益率曲线作为市场定价基准的地位不断深入人心。

财政部与中央银行共同培育国债市场流动性，改善收益率曲线编制的市场条件。一方面，财政部不断完善国债发行机制，预发行、增发行、续发行和滚动发行等发行制度建设促进了国债市场流动性与市场条件改善；另一方面，财政部中央银行协同持续优化我国国债二级市场运行机制，推动做市支持、随买随卖等政策成熟、灵活应用。随着国债一二级市场不断发展完善，其交易活跃度与市场化程度也不断提高，为健全国债收益率曲线奠定了基础。当然，对照国际经验我国国债二级市场流动性还有提升空间，尤其是要推动中央银行公开市场操作买卖国债加强国债期货、利率互换等国债衍生品市场以及回购市场建设，进一步提升国债现货市场的流动性。

推动国债收益率曲线的可靠性不断提升。财政部等相关主管部门通过深入研究，对国债收益率曲线编制予以指导。例如，2007 年，在财政部指导的《中国国债收益率曲线》课题中，中央结算公司于2006 年起采用的 Hermite 插值法得到了专家们的普遍认可。中央结算公司于 1999 年编制发布了第一条人民币国债收益率曲线，是国内最早专注于债券收益率和估值等领域的金融基础设施服务机构，每日收集成交、结算、报价等全市场价格数据近 30 万条，对标国际证监会（IOSCO）国际监管标准实行严格的产品质量管控，编制方法公开透明，专业性强、可靠性高，因而市场认可度较高。

（二）国债收益率曲线逐步发挥基准利率曲线作用

国债收益率曲线逐渐成为实施宏观政策的抓手。一是支持财政政策实施。2009 年起，财政部指定将国债收益率曲线作为国债和地方政府债券发行定价的基准。截至 2020 年末，中债国债收益率曲线累计支持 35 万亿元国债和地方政府债券的市场化招标发行。二是成为监测宏观经济运行的重要指标。持续跟踪观察发现，我国 10 年期与 2 年期国债收益率之间的利差能够有效预判未来的经济增长。目前，中国人民银行发布的月度《金融市场运行情况》、季度《货币政策执行报告》等均将国债收益率曲线作为分析债券市场利率变化的主要指标之一。当然，对照国际经验，我国国债收益率曲线在货币政策框架中的应用还有待进一步加强，应该适时推动建立以国债收益率曲线为中介目标的货币政策框架与传导路径。

国债收益率曲线成为防控金融风险的基础工具。在编制国债收益率曲线的基础上，中央结算公司编制发布了覆盖全市场所有债券品种和各信用级别的收益率曲线、债券及非标估值、指数、风险管理工具等市场价格指标，被金融监管部门用来作为防控金融风险的参考。比如，中债债券估值被银行间债券市场参与机构用作交易监测的基准，防范利益输送和异常交易；银行业金融机构将中债国债等收益率曲线作为公允价值计量基准和市场风险管理基准，推动商业银行实现巴塞尔协议风险控制的要求；基金公司普遍将中债估值作为基金持有债券资产净值计算的基准，以有效降低公允价值计量的成本，提高风险管理的效率；保险机构将中债国债收益率曲线作为保险准备金计量基准，助力保险机构在利率市场化条件下的稳健发展；部分资管机构将中债非标估值作为非标资产的公允价值计量基准，支持资产管理行业净值化转型。此外，审计和司法判决领域也越来越多使用中债估值作为与债券资产相关的公允价值度量依据。

未来，我国在国债收益率曲线应用方面仍然大有可为，完善利率市场化机制还有很大的空间。从国际经验来看，财政与货币当局均重视国债收益率曲线的建设，将国债收益率广泛应用于存贷款定价、金融衍生品等金融产品定价中，并在特殊背景下应用收益率曲线管理（控制）、扭曲操作等应对危机，建立以国债收益率曲线为中介目标的货币政策框架，收到良好成效。相比之下，我国利率传导还不够顺畅，政策利率、货币市场利率和实体融资利率在一些时段仍存在脱节现象。首先，贷款定价基准利率LPR的形成机制市场化程度不足，LPR缺少真实的交易基础导致其与市场利率的联动性较弱，实体经济利率无法反映出真实的市场利率。且LPR的期限结构不够完整，无法满足长期贷款的定价需求。其次，在特定时期，中央银行普遍采用公开市场操作，向一级交易商等大型商业银行以定向借贷的方式增加流动性，这种模式对于资金价格的传导方式和收益率曲线定价的影响均存在较大的效率损失。最后，以化解小微企业等局部融资问题为目的的结构性货币政策，与财政等其他部门的职能定位之间存在重叠，总量调控和结构性调控的政策分工被混淆，这将降低政策组合的整体效率。并且，"金融财政化"容易推高商业银行的坏账率，令风险在金融体系内积聚，进而制约金融中介的配置效率，这与宏观审慎原则存在一定的冲突。

鉴于上述分析，我们更应该借鉴国际实践经验，通过持续大力推动国债收益率曲线建设来不断完善利率市场化改革方案。国债收益率作为重要的无风险收益率，具有真实的交易基础、期限机构完整且市场化程度高，天然具备基准利率的属性。应推动金融机构在金融工具与资产的市场化定价中广泛参考国债收益率基准，尤其是在商业银行的内部资金转移定价（FTP定价）和存贷款定价等方面，切实解决政策利率向实体经济利率传导不畅的问题。同时，国债以国家信用为背书，风险最低、价格稳定，具有较好的市场流动性，在金融交易中大量作为担保品使用，为货币发行、金融交易提供稳定的价值基础。因此，推动实施以国债为基础的货币政策操作，建立以国债收益率曲线为传导机制的货币政策框架，可以增强货币政策传导效率，进一步提升利率市场化程度。

第四节　总结

我国在财政政策和货币政策协调配合上已取得长足的进步，但与国外实践经验相比仍有一些亟待完善的问题，如债务上限约束机制、短期国债发行、国库现金管理、货币发行机制的问题，等等。

第一，我国的赤字政策和债务规模调整机制较为传统，国债发行规模仍有较大增长空间。受制于传统的财政赤字理论和国际实践操作，一直以来，我国的财政赤字都恪守3%的规则，在国债余额上相较于国际水平还有不小空间，这对严肃财经纪律意义重大，但在一定程度上限制了危机期间财政的刺激力度和效果。根据财政预算约束条件，政府债务率与经济增速、利息率以及财政基本盈余之间存在制约关系。在经济增速下降的背景下，低利率政策是实现政府债务可持续的必要条件之一。站在债务可持续角度，财政支出对于经济增速的正向作用和对财政赤字的负向作用之间存在着一种权衡关系。在经济衰退期，发债成本较低，而产出效率通常较高，利大于弊，适合举债促进经济复苏。当前我国在面临经济下行压力和有效需求不足的背景下，根据经济运行情况，科学设置债务上限，一方面可以提升财政对经济的支持力度，另一方面可以保持债务可持续。需注意的是，在危机期间，加大财政支持力度，促使经济复苏；同时中央银行降低利率，若经济增速超过利息率，则短期内上升的政府债务率还会下降。因此，应完善债务约束机制，设置科学、灵活的债务上限，在释放财政效能的同时，保障债务可持续性。

第二，相比于国际实践，我国短期国债规模和应用稍显不足，财政政策和货币政策协调配合的效率需进一步提升。相对于以美国为代表的发达国家，我国的短期国债无论是发行量还是余额，比例都是偏低的。短期国债能够更为灵活地控制财政筹资成本，使财政当局的债务期限结构更具弹性，是财政货币政策的协调配合中重要的政策工具。因此，应加快短期国债发行，同时中央银行应通过买卖短期国债予以配合。

第三，国库现金管理的制度建设需进一步完善，国库现金管理工具仍待丰富，以更好地满足现代财政制度的要求。从目前的实践情况来看，在我国的国库现金管理中，财政部门、中央银行国库部门和其他预算单位之间存在着信息沟通不及时的情况。同时，我国国库现金管理采用单一账户模式，中央银行财政存款账户存有大量冗余资金，财政存款大幅波动会对金融市场流动性造成冲击，增加中央银行调控难度。因此，应借鉴发达国家管理经验，推行库底目标余额制度，在提升财政资金效率的同时，减轻财政存款对中央银行流动性管理的影响。此外，丰富国库现金管理工具，尤其是充分发挥短期国库券成本低且灵活的优势，平抑财政资金波动。

第四，加强财政部与中央银行的协调配合，不断完善货币发行机制。当前，我国货币发行机制已由外汇资产模式转变为中央银行再贷款模式，而世界主要发达经济体均以主权信用模式为主。外汇资产模式，一方面可以起到稳定币值的作用，另一方面会影响货币政策自主性。在我国现行外汇管理制度下，外汇储备的吞吐将直接影响基础货币的总量，对国内宏观金融环境造成冲击。同时，中央银行的贷款模式，即使是使用主权信用作为抵押品，也将面临期限限制引发的流动性压力，对收益曲线影响过于间接，针对特定信贷对象带来传导效率损失，以及面临流动性压力时的可能遭遇手段不足等问题。而主权资产模式有其优越性，对于中央银行来说，国债风险最低，价格也最稳定，可以为货币发行提供稳定的价值基础；同时，成熟的国债市场也为实施货币政策提供了切实有效的操作工具，国债市场形成的收益率曲线也成为金融资产定价的基础。对财政部而言，中央银行持有国债，扩大了收入来源，减轻了财政支出对税收的依赖，进而拓展了财政政策的空间，并提升了其灵活度。因此，建议中国人民银行在公开市场适时启动国债买卖日常操作，并逐步将货币发行方式转变成主权信用模式，进一步增强中国国债与人民币在全球经济金融体系中的地位。

第四章 基于 MS-VAR 模型的政策协调配合研究

第一节 模型框架

从本书对国际经验和中国实践经验的总结中，我们看到了加强财政政策与货币政策协调配合的必要性和发力点。为了勾勒出一个分析财政货币协调配合的统一框架，本章基于经典的 MS-VAR 模型，构建了一个包含货币政策和财政政策的 VAR 模型。考虑到传统 VAR 模型估计系数不变的缺点，本章借鉴物价水平财政理论对货币与财政政策进行状态识别，在此基础上，分析不同状态下的货币政策与财政政策共同作用对宏观经济体的调控效果，具体工作分为两步：第一步，通过马尔科夫转移模型（Markov-Swithing，MS）对货币政策与财政政策状态进行识别；第二步，构建 VAR 模型，对不同状态下货币与财政政策及其配合产生的效果进行分析。本章分别选取了中国和美国的数据，对货币政策与财政政策协调配合所产生的影响进行比较分析，从而理解在宏观经济环境、政策调控机制存在显著差异的情况下，两大政策共同作用可能产生的复杂影响。

一、MS 状态转移机制

由于中美两国财政政策所关注的问题近似，本章所列出的两国财政政策反应式相同。由于美国货币政策对于就业的考量明显高于中国，因此，在两国货币政策规则的反应式中，中国的政策目标关注通胀和产出缺口，美国的政策目标则关注通胀和就业缺口。

（一）中国政策规则

1. 货币政策规则

中国货币政策规则的反应式如下：

$$i_t = \alpha \ (s_t) \ i_{t-1} + \ (1-\alpha \ (s_t) \ ) \ (\beta_0 \ (s_t) \ +\beta_1 \ (s_t) \ (\pi_t - \pi_t^*) \ +\beta_2 \ (s_t) \ x_t) \ +\mu_t$$

$$\overline{i_t} = \beta_0 \ (s_t) \ +\beta_1 \ (s_t) \ (\pi_t - \pi_t^*) \ +\beta_2 \ (s_t) \ x_t$$

其中，i_t 为货币政策综合利率；π_t 为通胀率，π_t^* 为稳态通胀率；x_t 为产出缺口；μ_t 为误差项；s_t 为政策状态，分为主动型和被动型；

其中，$(\beta_0 \ (s_t) \ +\beta_1 \ (s_t) \ (\pi_t - \pi_t^*) \ +\beta_2 \ (s_t) \ x_t)$ 为货币政策目标，中央银行在制定货币政策目标时，将综合考虑通胀和产出两个因素。

主动型货币政策指货币政策的利率工具对于通胀缺口的弹性足够大，即 β_1 在 1 附近，货币政策对通胀足够敏感；被动型货币政策指货币政策利率对于通胀缺口弹性足够小，即 β_1 远小于 1，货币政策对通胀不敏感。

2. 财政政策规则

$$d_t = \rho \ (s_t) \ d_{t-1} + \ (1-\rho \ (s_t) \ ) \ (\gamma_0 \ (s_t) \ +\gamma_1 \ (s_t) \ d_t^* +\gamma_2 \ (s_t) \ x_t) \ +v_t$$

$$d_t^* = -\frac{r_t - g_t}{1 + g_t} b_{t-1} \text{①}$$

$$\overline{d_t} = \gamma_0 (s_t) + \gamma_1 (s_t) \ d_t^* + \gamma_2 (s_t) \ x_t$$

其中，d_t 为基本赤字率；d_t^* 为稳债务的基本赤字率，根据财政预算平衡式，使 $b_t = b_{t-1}$ 的基本赤字率；r_t 为债务成本（债务付息/债务余额），g_t 为名义 GDP 增速，b_t 为政府负债率；x_t 为产出缺口；v_t 为误差项。

其中，$(\gamma_0 (s_t) + \gamma_1 (s_t) \ d_t^* + \gamma_2 (s_t) \ x_t)$ 为基本赤字率的目标。财政在制定赤字目标时，将综合考虑稳债务和平衡产出缺口两个因素。

财政政策规则，基本赤字率 d_t 与上期负债率 b_{t-1} 呈现非线性关系，比 Leeper 规则（线性关系）更为合理。被动型财政政策指财政基本赤字率对于稳债务赤字率弹性足够大，即 γ_1 在 1 附近，财政政策对稳债务足够敏感；主动型财政政策指财政基本赤字率对于稳债务赤字率弹性足够大，即 γ_1 远小于 1，财政政策对稳债务不敏感。

（二）美国政策规则

考量到美国在货币与财政政策实施中，维持充分就业是一个非常重要的目标，分析美国的政策反应函数时，用失业率替代产出指标。其中 u_t 为失业率缺口（实际失业率减去自然失业率），其余符号的含义与中国政策规则相同。

---

① $B_t = B_{t-1} (1 + r_t) + D_t$

$\Rightarrow \frac{B_t}{G_{t-1}} = \frac{B_{t-1}}{G_{t-1}} (1 + r_t) + \frac{D_t}{G_{t-1}}$

$\Rightarrow b_t (1 + g_t) = b_{t-1} (1 + r_t) + d_t (1 + g_t)$　　　令 $b_t = b_{t-1}$

$\Rightarrow d_t^* = -\frac{r_t - g_t}{1 + g_t} b_{t-1}$

其中，B_t 为政府债务余额；

G_{t-1} 为第 $t-1$ 期名义 GDP。

1. 货币政策规则

$$i_t = \alpha\ (s_t)\ i_{t-1} + (1-\alpha\ (s_t))\ (\beta_0\ (s_t) + \beta_1\ (s_t)\ (\pi_t - \pi_t^*) + \beta_2\ (s_t)\ u_t) + \mu_t$$

2. 财政政策规则

$$d_t = \rho\ (s_t)\ d_{t-1} + (1-\rho\ (s_t))\ (\gamma_0\ (s_t) + \gamma_1\ (s_t)\ d_t^* + \gamma_2\ (s_t)\ u_t) + v_t$$

$$d_t^* = -\frac{r_t - g_t}{1+g_t} b_{t-1}$$

二、构建 VAR 模型

$$X_t = \sum_{i=0}^{p} A_i X_{t-i} + \varepsilon_t$$

其中，$X_t = \{GDP_t,\ P_t,\ M_t,\ F_t,\ CL_t,\ CS_t \cdots\}$，$\varepsilon_t$ 为随机误差项。GDP_t 为实际经济增速，P_t 为物价水平，M_t 为货币政策工具，F_t 为财政政策工具，CL_t 为国债收益率曲线水平，CS_t 为国债收益率曲线斜率，…表示不同国家，根据国别情况，选用不同指标，以更好地反映相关变量的基本含义。结合前面章节分析出的政策配合中的一些重点问题，在数据可得的情况下，本章尽量将有关指标列入模型中，以全面分析相关因素的影响效果。例如，美国考虑短期国债余额以及美联储持有美国国债余额的数据；而中国短期国债余额长期占比较小，且中央银行不持有国债（特殊国债除外），因此相关指标暂未考虑。

第二节　中国实证研究

一、数据来源及处理

中国货币政策综合利率 i_t 同时考虑价格型工具和数量型工具。随着国内外经济金融环境变化，中国货币政策工具种类也不断地发生着变迁。以价格型工具（利率）为例，存贷款基准利率在 2015 年 8 月之后就不再发生变动，中央银行票据也于 2011 年底中断发行直至 2019 年 8 月，在中央银行票据发行中断、相关利率缺失期间，新创设的 MLF 和 SLF 等公开市场操作利率开始反映货币当局的政策意图。本书采用数据拼接技术来获取政策利率时间序列，并保证数据的连续性。对于数量型工具，综合考虑中央银行法定准备金率、基础货币余额同比增速、M2 同比增速三个指标，通过主成分分析法提取第一主成分作为数量型工具指标。最后，再将生成的价格型工具和数量型工具两个指标通过主成分分析法，提取第一主成分，作为货币政策综合利率指标。将 CPI 同比增速与 PPI 同比增速两个指标，提取第一主成分计算得到通胀率指标 π_t。通过 HP 滤波方法获取稳态通胀率 π_t^*。产出缺口为实际 GDP 减去潜在 GDP，其中，实际 GDP 为季调后的结果（采用美国人口普查局的 X-13 季节调整程序计算），潜在 GDP 由季调后的实际 GDP 通过 HP 滤波方法获取。

财政政策衡量方法中，使用政府基本赤字（剔除政府债务利息支出后的赤字）占 GDP 的比重，政府赤字等于财政收入减去财政支出，由于地方政府一般债也包含在政府预算中，计算政府利息支出时，还包括国债和地方政府一般债。债务成本 r_t 为国债和地方政府一般债付息/国债和地方政府一般债的余额。g_t 为名义 GDP 增速，是由季调后名义 GDP 环比年化值。政府负债率为国债和地方政府一般债余额除以季调后年化的季度 GDP。

在构建 VAR 模型时，为了使数据平稳，实际经济增速 GDP_t 为季调后实际 GDP 的环比值；P_t 为季度 CPI 数据的环比增加值。同时，需要注意，除特别说明外，本文模型中的数据均为季度数据。由数据可得性，本章选取的财政政策时间为1992年第一季度至2022年第一季度；货币政策的时间为1996年第一季度至2022年第一季度。

二、政策调控机制状态识别

表4-1和表4-2展示了运用MS方法估计中国财政政策与货币政策规则参数的结果。被动型财政政策致力于保持债务稳定（γ_1尽可能接近1）；主动型货币政策对通胀反应敏感（β_1尽可能接近1）。

表4-1　中国财政政策规则参数估计结果

	主动型财政政策规则	被动型财政政策规则	全样本区间
ρ	0.4686	0.9073	0.7874
γ_0	−0.0120	0.0230	−0.0110
γ_1	**−0.0248**	**0.1672**	**0.0734**
γ_2	−0.8013	−2.8824	−1.2620

资料来源：Wind和作者计算。

表4-2　中国货币政策规则参数估计结果

	主动型货币政策规则	被动型货币政策规则	全样本区间
α	0.6970	0.9241	0.8940
β_0	−0.9716	−1.1713	−0.9358
β_1	**0.7327**	**−0.1779**	**0.2925**
β_2	1.3858	−0.2688	0.1887

资料来源：Wind和作者计算。

从单一政策来看，中国的被动型财政政策出现在经济增速下滑且政府强调财政纪律时期，此时政府稳债务压力凸显；而主动型货币政策通常处于高通胀或经济衰退时期，货币收紧应对高通胀，或者是放松银根应对经济衰退和通缩。从整个样本区间来看（共 121 个季度样本数据识别出 120 个季度的政策状态），主动型财政政策的占比为 81/120＝67.5%，被动型财政政策的占比为 39/120＝32.5%；主动型货币政策的占比为 22/104＝21.15%，被动型货币政策的占比为 82/104＝78.85%。同时，在货币政策和财政政策共同的样本区间内，主动型财政/主动型货币占比为 17/104＝16.35%；主动型财政/被动型货币占比为 48/104＝46.15%；被动型财政/主动型货币占比为 5/104＝4.81%；被动型财政/被动型货币占比为 34/104＝32.69%。整个样本区间以主动型财政/被动型货币占比最高（见表 4-3），这意味着中国近三十年来的宏观调控，更多地处于对债务不敏感、对通胀容忍度高的状态。

表 4-3 中国财政政策与货币政策调控机制　　　　单位：%

中国		货币政策	
		主动型高通胀或衰退	被动型
财政政策	主动型	16.35	46.15
	被动型 增速下滑且强调财政纪律	4.81	32.69

资料来源：Wind 和作者计算。

此外，货币政策和财政政策状态转移的时间节点通常并不一致。财政政策调控机制惯性更强，更倾向于保持原有状态，而货币政策状态转换则更加灵活（见图 4-1）。自 1992 年以来，财政政策状态只在 2012 年第三季度调整过一次，由主动型转为被动型。但自 1996 年以来，货币政策前后调整了达 12 次之多，可见货币政策调整的灵活度明显更强。中国调整财政政策的一个重要原因可能在于：2012 年之前，我国经济增速长期超越债务成本，政府债务率处于较低水平，根据预算平衡式，在保持政府负债率稳定的同时，我国政府具有较大的财政赤字空间。因此，当时我国财政规则基本以经济增长为目标，政府稳债务压力较小。党的十八大以来，我国经济面临三期叠加的调控，负债率开始加速上行，中央政府审时度势地进行战略调整，强调财政纪律，将稳债务列为财政的重要目标。相应地，财政政策由主动转换为被动，并一直持续至今。而货币政策则跟随经济周期变化调整，由被动转为主动的时间节点基本处于经济过热导致的通胀飙升的时期，或是经济衰退引起的通胀急剧下行阶段。

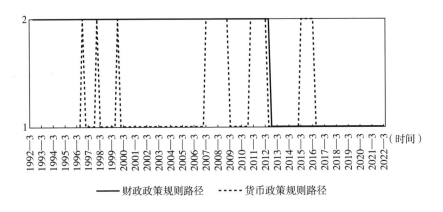

图 4-1　中国财政政策与货币政策调控机制识别

注：数值 1 表示处于被动型状态；数值 2 表示处于主动型状态。
资料来源：Wind 和作者计算。

三、VAR 模型估计

（一）全样本区间的情况

我们构建了主动型/被动型不同政策搭配下的 VAR 模型，根据 SIC 准则，所有 VAR 模型的最优滞后期 $p=1$。根据脉冲响应函数原理，本章分析财政政策与货币政策一个标准差的冲击（其中，财政政策冲击为赤字增加、货币政策冲击为提升利率）对各相关变量的影响，同时进一步分析国债收益率曲线冲击对各经济变量的影响，进而探讨将国债收益率曲线作为宏观政策调控工具的有效性。

图 4-2 展示了国债收益率曲线对政策冲击的响应。结果表明，货币政策对国债收益率曲线水平冲击较明显，财政政策对曲线斜率冲击较明显。当受到货币政策收紧的冲击时，国债收益率曲线水平上升，斜率下降；当遭遇财政政策扩张（赤字率增加）冲击时，国债收益率曲线水平下降，斜率上升。这表明，财政政策扩张很可能是应对经济下行的被动反应。整体来看，货币政策和财政政策调控，对国债收益率曲线均有一定影响。

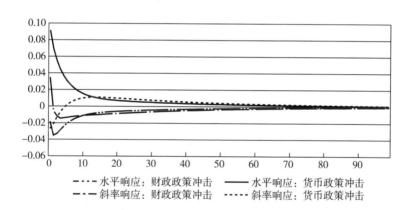

图 4-2 中国国债收益率曲线的响应函数：政策冲击

资料来源：Wind 和作者计算。

根据马骏等（2016）① 提出的相关测算方法，收益率曲线传导效率被定义为货币政策一个单位（1 个 BP）冲击下曲线的响应幅度。

---

① 马骏，洪浩，贾彦东，等．收益率曲线在货币政策传导中的作用［R］．中国人民银行工作论文，2016，由于中美货币政策等宏观政策在历史上的操作频率、方向、幅度差异较大，政策冲击的标准差差异较大，为跨国比较，参照马骏等（2016），本研究继续除以标准差的 BP 数、计算单个 BP 的冲击响应情况。

本章在图 4-2 中表示的是在 1 个标准差的货币政策冲击下曲线的响应幅度，因此，要根据不同研究方法计算的结果进行对比，进一步将图 4-2 中的响应幅度除以 1 个标准差对应的 BP 变动数，以最终计算 1 个 BP 下货币政策冲击的响应幅度。经过测算，1 个标准差货币政策冲击为 25BP，从图 4-2 中得知，收益率曲线在水平值[①]上的最大响应幅度为 9BP，因此货币政策单个 BP 冲击下中国国债收益率曲线的响应幅度为 9BP/25BP = 36%。本章下一节还会就中美两国国债收益率曲线对货币政策传导效率进行比较。

图 4-3 和图 4-4 显示了经济基本面（通胀和经济增长）对政策和曲线冲击的响应。结果显示：第一，通胀对于货币政策冲击的响应不显著，对财政政策冲击在短期内（1 个季度）有明显响应，对收益率曲线的响应也十分有限。这可以理解为，全样本区间内，中国的通胀问题更多地受到供给面因素的影响，对于需求面因素的响应相对有限。第二，产出对收益率曲线水平和斜率冲击的响应明显，甚至强于政策调控的冲击响应。当曲线水平上升，经济增长速度会降低；当曲线斜率走陡，经济增长速度会提升。

图 4-5 展示了财政政策与货币政策的相互作用。财政政策对来自货币政策的冲击的响应显著高于货币政策对来自财政政策的冲击的响应。当面临货币政策收紧的冲击时，财政政策也会相应收紧（赤字减少）；当财政实施扩张性政策（赤字扩大）时，货币政策也会在一定时期内（4 个季度）偏向宽松，这体现了中国财政政策与货币政策倾向于"同松同紧"的搭配组合。

---

① 水平反映了曲线整体在政策变量影响下的综合响应，斜率反映了曲线在长短期上的结构性变化，因此这里用水平维度上的响应值来测算传导效率更能反映综合情况，更为合理。

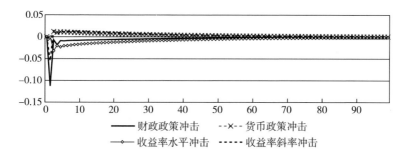

图 4-3　中国通胀的响应函数：政策和曲线冲击

资料来源：Wind 和作者计算。

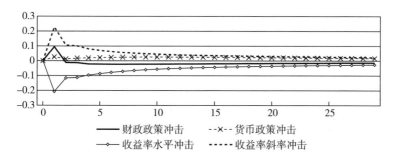

图 4-4　中国经济增长的响应函数：政策和曲线冲击

资料来源：Wind 和作者计算。

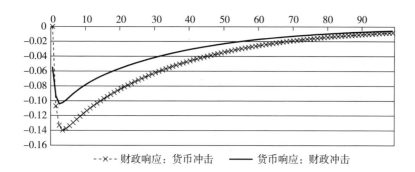

图 4-5　中国财政政策和货币政策相互作用

资料来源：Wind 和作者计算。

（二）不同政策状态下的情况

现实中，中国财政政策与货币政策按照主动型、被动型的模式有着四种搭配组合，分别是被动型财政/被动型货币、被动型财政/主动型货币、主动型财政/主动型货币、主动型财政/被动型货币。

1. 被动型财政/被动型货币

被动型财政/被动型货币政策组合往往在经济增速放缓、政府强调财政纪律且通胀较温和时期实施，中国于 2012 年第三季度至 2014 年第四季度，2016 年第二季度至今这两个时间段内实施了这种政策组合。模型显示，这种政策组合模式下，经济运行有如下特征：第一，短期内，收益率曲线对两大宏观政策冲击的响应较小，但收益率曲线斜率对政策冲击的响应较为显著；第二，产出对于政策和收益率曲线冲击均有显著的响应，通胀对于政策和收益率曲线冲击也有明显的响应；第三，财政政策对货币政策冲击的响应显著，而货币政策对财政政策冲击的响应却不显著。

在此期间内，货币政策控制通胀的压力较小，但经济增速放缓所导致的财政收入减少，财政稳定债务的压力却十分凸显。在政府强调财政纪律的背景下，当货币政策收紧，财政空间被压缩，财政不得不通过减缓支出增长来稳定债务；当货币政策放松，财政空间得以释放时，财政可以通过扩大支出来推动经济增长。在此情形下，财政政策与货币政策呈现"同松同紧"的政策组合（见图 4-6~图 4-9）。

2. 被动型财政/主动型货币

被动型财政/主动型货币政策组合在经济增速放缓、政府强调财政纪律且通胀高企时期实施，具体时段为 2015 年第一季度至 2016 年第一季度。在这一阶段，由于样本数量较少，政策调控效果无法用

VAR 模型进行刻画。

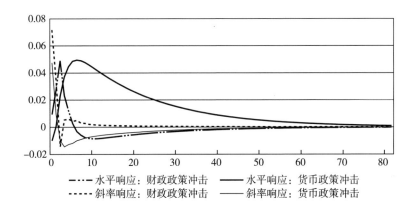

图 4-6　中国国债收益率曲线的响应函数：政策冲击

资料来源：Wind 和作者计算。

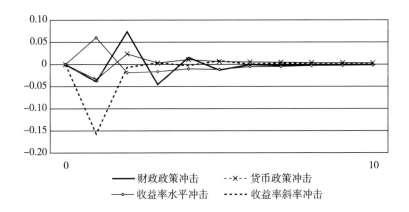

图 4-7　中国通胀的响应函数：政策和曲线冲击

资料来源：Wind 和作者计算。

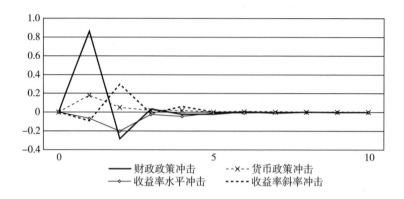

图 4-8　中国经济增长的响应函数：政策和曲线冲击

资料来源：Wind 和作者计算。

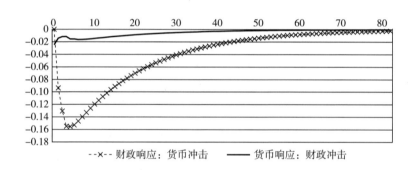

图 4-9　中国财政政策和货币政策的相互作用

资料来源：Wind 和作者计算。

3. 主动型财政/主动型货币

主动型财政/主动型货币政策组合处于经济增长面临重大冲击的时刻，包括 1997 年亚洲金融危机以及 2007 年次贷危机时期。这段时间的主要特征是：第一，收益率曲线对财政政策与货币政策冲击均产生了显著的响应，其中，曲线对于货币政策的响应更加显著；第二，通胀和产出对于收益率曲线冲击也产生了明显的响应，其中，通胀的响应更加显著；第三，财政政策与货币政策对来自对方的冲击都有一定响应，其中，财政政策的响应明显强于货币政策。当时为应对危机，两大政策呈现"同松"的趋势（见图 4-10~图 4-13）。

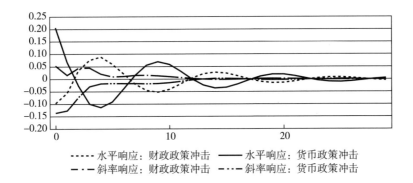

图 4-10　中国国债收益率曲线的响应函数：政策冲击

资料来源：Wind 和作者计算。

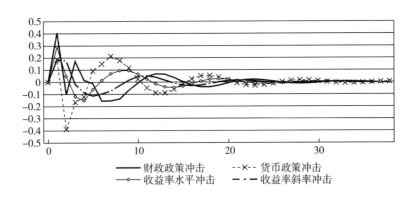

图 4-11　中国通胀的响应函数：政策和曲线冲击

资料来源：Wind 和作者计算。

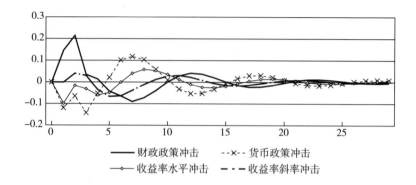

图 4-12   中国经济增长的响应函数：政策和曲线冲击

资料来源：Wind 和作者计算。

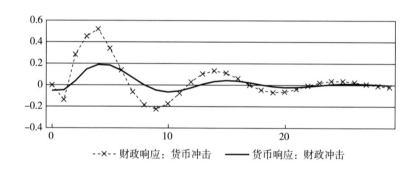

图 4-13   中国财政政策和货币政策的相互作用

资料来源：Wind 和作者计算。

4. 主动型财政/被动型货币

主动型财政/被动型货币政策组合发生在经济高速发展且政府债
务稳定时期，主要涵盖 2012 年之前剔除经济衰退的全部时期，这期间
的主要特征是：第一，收益率曲线对财政政策与货币政策冲击有一定的
响应，且影响效果相差无几；第二，通胀和产出对收益率曲线冲击均产
生了明显响应，其中，对曲线斜率冲击所产生的响应更为显著；第三，

货币政策对财政政策冲击所产生的响应要明显高于财政政策对货币政策冲击带来的响应。在此期间，财政政策可以通过扩大支出来推动经济高速发展，而货币则被迫采取偏紧的态势，以防止经济过热。因此，这一过程中，财政政策与货币政策总体呈现"一松一紧"的政策组合（见图 4-14～图 4-17）。

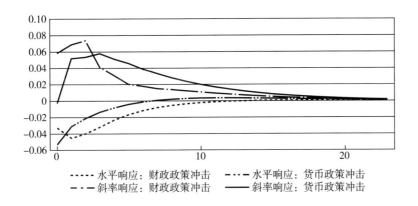

图 4-14　中国国债收益率曲线的响应函数：政策冲击

资料来源：Wind 和作者计算。

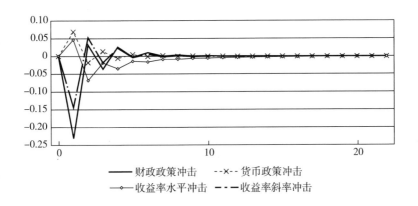

图 4-15　中国通胀的响应函数：政策和曲线冲击

资料来源：Wind 和作者计算。

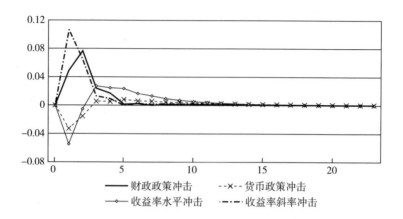

图 4-16 中国经济增长的响应函数：政策和曲线冲击

资料来源：Wind 和作者计算。

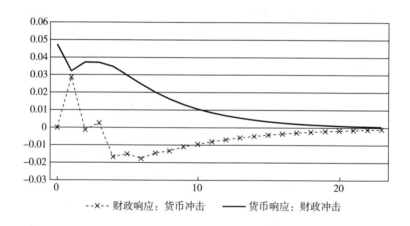

图 4-17 中国财政政策和货币政策的相互作用

资料来源：Wind 和作者计算。

5. 小结

通过对比中国不同政策状态下财政政策与货币政策的调控效果及相互影响，我们可以总结出如下几个主要特征：

第一，财政政策与货币政策调控对国债收益率曲线都将产生一定影响，且在不同政策状态下，其影响存在差异。整体来看，货币政策对国债收益率曲线水平的影响最为显著。分状态来看，在主动型财政/主动型货币政策状态下，政策调控对曲线的影响最为显著，同时，货币政策对曲线的影响又显著高于财政政策。

第二，国债收益率曲线的变化对通胀和增长都将产生一定的影响。整体来看，收益率曲线对增长的影响要显著高于对通胀的影响。但在主动型财政/主动型货币政策状态下，国债收益率曲线对通胀的影响显著，远超对增长的影响。可见，中国的国债收益率曲线具有明显的政策传导功能，且在危机期间，传导效率更为明显。

第三，中国的财政政策与货币政策在松紧搭配上整体呈现"同松同紧"趋势，与被动型/主动型政策搭配组合并不完全匹配。例如，在主动型财政/被动型货币的政策状态下，财政与货币呈现"一松一紧"的搭配组合。事实上，这种"一松一紧"的政策配合有助于经济运行的稳定和政策可持续性，适用于经济波动较小的阶段，而"同松同紧"则适用于经济过热或衰退等经济波动较大的阶段。之所以政策松紧搭配与主动型/被动型搭配无法等同，根本原因在于其划分的标准不同。政策松紧搭配根据经济运行状态来决定，而主动型/被动型根据政策变量相对经济变量的敏感度来决定。例如，通胀高企或通缩时，主动型货币政策针对物价变化都应给予足够的调整力度，即通胀时紧缩、通缩时宽松。可见，主动型政策取向既可以是紧缩，也可以是宽松。

第四，党的十八大以来，持续的被动型财政政策保障了中国政府债务的稳定性，这使财政在未来的调控中保有了更为充足的政策空间。我国政府高度重视财政纪律，在全球主要经济体债务飙升的背景下，仍然保持政府债务温和增长。我国财政部数据显示，以预算内的政府债务口径计算，截至 2021 年底，我国政府债务率为 32.43%；纳入地方政府专项债的口径计算，截至 2021 年，我国政府债务率为 56.60%，远低于全球其他主要经济体。

第三节　美国实证研究

一、数据来源及处理

美国货币政策综合利率同时考虑价格型工具和数量型工具。价格型工具采用有效基金利率，为刻画量化宽松政策效果，数量型工具采用中央银行资产占 GDP 的比重，然后，将价格型工具和数量型工具两个指标通过主成分分析法，提取第一主成分，作为货币政策综合利率。将 CPI 同比与 PCE 同比两个指标，提取第一主成分计算得到通胀率指标π_t。通过 HP 滤波方法获取稳态通胀率π_t^*。产出缺口为实际 GDP 减去潜在 GDP，所涉及数据均可从美国经济分析局直接获取。

衡量财政政策使用的是政府基本赤字（剔除政府债务利息支出后的赤字）占 GDP 的比重。政府赤字等于联邦财政收入减去财政支出，债务成本为国债付息/国债余额。g_t为名义 GDP 增速，采用季调后名义 GDP 环比年化值。政府负债率等于国债余额除以季调后年化后的季度 GDP。

在构建 VAR 模型时，为了使数据平稳，实际经济增速 GDP_t 为季调后实际 GDP 的环比增速。P_t 为季度 CPI 数据的环比增速。同时，需要注意，除特别说明外，本章模型中的数据均为季度数据。考虑到短期国债以及美联储持有国债的影响，模型中增加了短期国债余额占国债总余额比例（短期国债余额占比）以及美联储持有国债增速两个指标。根据数据可得性，本样本时间区间为 1960 年第一季度至 2022

年第一季度，共 249 个样本点。

二、政策调控机制状态识别

表 4-4 和表 4-5 展示了运用 MS 方法估计美国财政与货币政策规则参数的结果。被动型财政政策致力于保持债务稳定（γ_1 尽可能接近 1）；主动型货币政策对通胀反应敏感（β_1 尽可能接近 1）。

表 4-4　美国财政政策规则参数估计结果

	主动型财政政策规则	被动型财政政策规则	全样本区间
ρ	0.1884	0.9401	0.5384
γ_0	−0.0150	0.0200	−0.0080
γ_1	**0.8111**	**0.9299**	**0.8912**
γ_2	2.7782	0.6611	1.6235

资料来源：Wind 和作者计算。

表 4-5　美国货币政策规则参数估计结果

	主动型货币政策规则	被动型货币政策规则	全样本区间
α	0.8472	0.9768	0.9032
β_0	0.3455	−2.1983	0.5702
β_1	**0.9260**	**−2.0259**	**0.8037**
β_2	−1.1937	−2.9483	−1.4907

资料来源：Wind 和作者计算。

就单一政策来看，主动型财政政策通常实施于经济衰退阶段，此时保持经济稳定的重要性相较于债务稳定更为突出；而主动型货币政策通常实施于高通胀或经济衰退阶段，即美联储被迫实施紧缩政策应对高通胀，抑或实施货币宽松政策应对经济衰退和通缩。在整个样本区间内（共 249 个季度样本数据识别出 248 个季度的政策状态），主动型财政政策的占比为 26/248 = 10.48%；被动型财政政策的占比为 222/248 = 89.52%；主动型货币政策的占比为 116/248 = 46.77%；被动型货币政策的占比为 132/248 = 53.23%。从政策搭配来看，被动型财政/被动型货币搭配成为经济运行正常状态的主要选择；被动型财政/主动型货币搭配则意味着经济处于高通胀或即将步入衰退期；主动型财政/主动型货币搭配表明经济处于衰退加速阶段；主动型财政/被动型货币搭配则表明经济可能处于衰退缓和阶段。在全样本区间内，被动型财政/被动型货币占比为 118/248 = 47.58%；被动型财政/主动型货币占比为 104/248 = 41.94%；主动型财政/主动型货币占比为 12/248 = 4.84%；主动型财政/被动型货币占比为 14/248 = 5.65%。整个样本区间，货币政策两个状态出现频率比较均衡，而财政政策更倾向于被动型，即对债务较为敏感，且以被动型财政/被动型货币政策搭配占比最高，即对债务敏感、对通胀容忍度高（见表4-6）。

表 4-6　美国财政政策与货币政策调控机制　　　　　单位：%

美国		货币政策	
		主动型高通胀或衰退	被动型
财政政策	主动型经济衰退	4.84	5.65
	被动型	41.94	47.58

资料来源：Wind 和作者计算。

数据分析表明，美国财政政策调控机制具有一定惯性，政策主基调倾向于保持被动型特征；而货币政策状态转换则更加灵活（见图4-18）。自 1960 年以来，美国财政政策状态调整过 10 次，货币政策则调整过 15 次，货币政策调整更加灵活。一般财政政策保持被动型状态，只是在失业率飙升阶段，尤其是经济衰退阶段，财政政策才由被动型转变为主动型，暂时放松对于稳债务目标，充分发挥财政支持经济的功能。而经济面临高通胀压力，或者是遭遇重大经济金融危机冲击时，货币政策将迅速地由被动型调整为主动型。值得一提的是，为应对滞胀危机，整个 20 世纪七八十年代，美联储均采取了主动型货币政策。

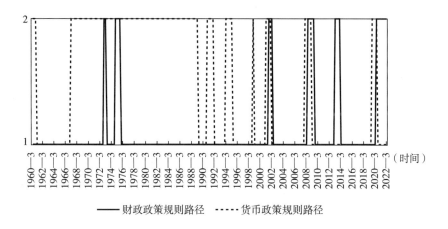

——财政政策规则路径　·····货币政策规则路径

图 4-18　美国财政政策与货币政策调控机制识别

注：数值 1 表示处于被动型状态；数值 2 表示处于主动型状态。
资料来源：Wind 和作者计算。

三、VAR 模型估计

（一）全样本区间的情况

图 4-19 和图 4-20 展示了全样本区间国债收益率曲线对政策冲击的响应。模型的结果表明：第一，美国国债收益率曲线水平和斜率对货币政策和财政政策冲击的响应及时充分，这意味着美国货币政策和财政政策调控，对国债收益率曲线均有显著影响。货币政策收紧冲击和财政政策扩张（赤字率增加）冲击，均导致国债收益率曲线水平上升，斜率下降。第二，货币政策对国债收益率曲线的影响显著高于财

政政策。国债收益率曲线水平和斜率对货币政策的响应效果是财政政策的 3~4 倍。第三，国债收益率曲线水平对于货币和财政政策的响应比斜率对政策的响应更为显著且持久。国债收益率水平对政策冲击的响应大致是斜率对政策响应的 2 倍。第四，国债收益率曲线对于短期国债增速和美联储持有国债增速的冲击响应较小。

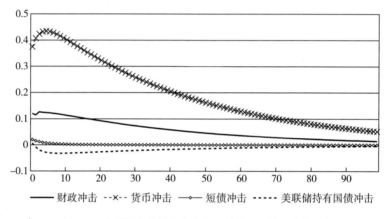

图 4-19　美国国债收益率曲线水平的响应函数：政策冲击

资料来源：Wind 和作者计算。

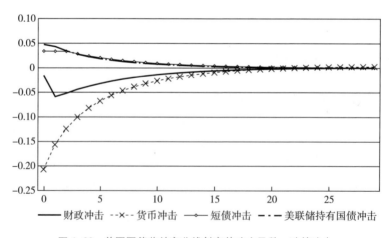

图 4-20　美国国债收益率曲线斜率的响应函数：政策冲击

资料来源：Wind 和作者计算。

采用与中国实证中相同的方法测算美国国债收益率的政策传导效率，结果表明，国债收益率曲线对于美联储 1 个标准差政策冲击最大响应幅度为 43BP（见图 4-19），美国 1 个标准差货币政策冲击为 100BP，由此可知，美国国债收益率曲线对货币政策的传导效率为 43BP/100BP=43%。中国 1 个标准差的货币政策冲击为 25BP、国债收益率曲线在水平上的最大响应幅度为 9BP，因此货币政策单个 BP 冲击下中国国债收益率曲线的响应幅度为 9BP/25BP=36%。综合来看，数据期内美国国债收益率曲线的货币政策传导效率高于中国，中国的国债收益率曲线政策传导效率相当于美国的 84%（中国的响应幅度 36%/美国的响应幅度 43%）。

图 4-21 和图 4-22 显示了经济基本面（通胀和经济增长）对政策和国债曲线冲击的响应。一方面，美国的通胀水平针对财政政策与货币政策冲击均有明显响应，但针对财政冲击的响应持续时间较短，针对货币政策冲击的响应持续时间较长。另一方面，经济增长对于财政政策的冲击响应显著高于货币政策。

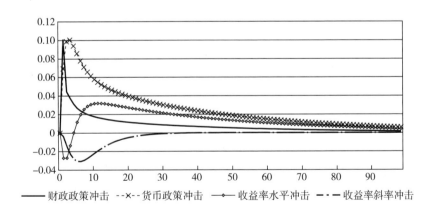

图 4-21　美国通胀的响应函数：政策和曲线冲击

资料来源：Wind 和作者计算。

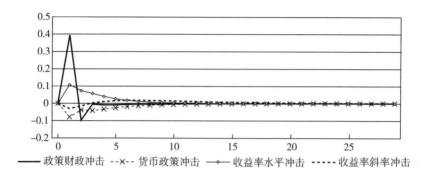

图 4-22　美国经济增长的响应函数：政策和曲线冲击

资料来源：Wind 和作者计算。

图 4-23 显示了财政政策与货币政策的相互作用。第一，财政政策与货币政策对彼此的冲击均有及时的响应。并且，货币政策对财政政策的响应明显更为持久。这表明在实践中，货币政策调整更具灵活性。财政政策与货币政策对于对方的正向政策冲击均会形成正向响应，这也反映出美国两大政策整体以"一紧一松"搭配为主的特征。第二，财政政策与美联储增持国债对彼此的冲击在短期内均产生显著的响应。美联储增持国债，财政短期会扩大赤字；同时，财政支出扩大，美联储会通过增持国债来进行配合。第三，短期国债占比对财政与货币政策的冲击也均有显著响应。财政支出扩大，短期国债占比于短期内将明显增加；同时，货币政策收紧，短期国债的占比在短期内也有一定的增加。

（二）不同政策状态下的情况

现实中，美国的财政与货币政策按照主动型、被动型的模式也分别存在四种搭配，分别是被动型财政/被动型货币、被动型财政/主动型货币、主动型财政/主动型货币、主动型财政/被动型货币。

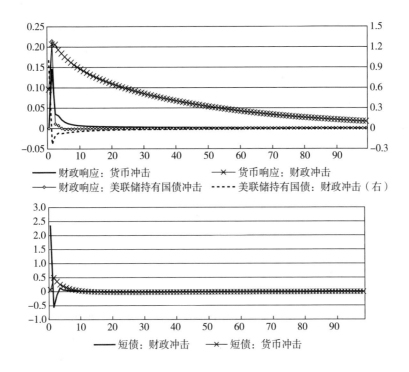

图 4-23　美国财政政策和货币政策相互作用

资料来源：Wind 和作者计算。

1. 被动型财政/被动型货币

相对于全样本区间的结果，被动型财政/被动型货币政策组合状态下，各变量之间对于彼此冲击的响应均有明显下降，包括国债收益率曲线对于政策冲击的响应、通胀和经济增长对于政策以及国债收益率曲线冲击的响应，以及财政政策与货币政策对彼此冲击的响应，这段时期内，政策搭配上倾向于"一紧一松"。具体的原因在于，被动型财政/被动型货币政策通常处于平稳期，经济运行主要依靠市场机制自发调节，无须政策过多干预，同时财政政策与货币政策各行其是，主动配合的诉求不高（见图 4-24~图 4-27）。

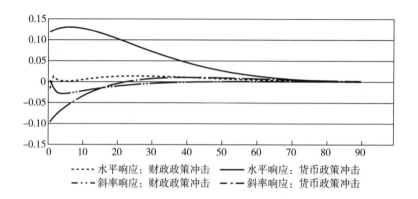

图 4-24　美国国债收益率曲线的响应函数：政策冲击

资料来源：Wind 和作者计算。

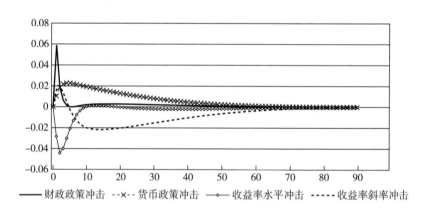

图 4-25　美国通胀的响应函数：政策和曲线冲击

资料来源：Wind 和作者计算。

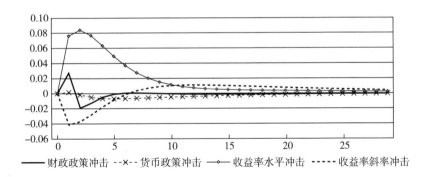

图 4-26　美国经济增长的响应函数：政策和曲线冲击

资料来源：Wind 和作者计算。

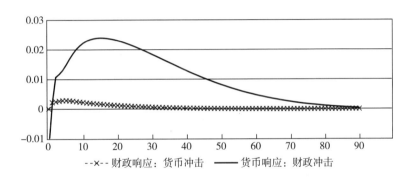

图 4-27　美国财政政策和货币政策的相互作用

资料来源：Wind 和作者计算。

2. 被动型财政/主动型货币

相对于全样本区间的结果，被动型财政/主动型货币政策组合状态下，各变量之间对于彼此的冲击响应均有明显的上升，包括国债收益率曲线对于政策冲击的响应、通胀和经济增长对于政策以及国债收益率曲线冲击的响应以及财政政策与货币政策对彼此冲击的响应，但政策搭配上却可能呈现"一紧一松"或"同紧"的两种政策倾向。具体的原因可能是，被动型财政/主动型货币政策通常实施于高通胀或经济过热时期。在此期间，一方面，货币政策或财政政策通常以收紧来应对通胀；另一方面，高通胀预示着较高的名义经济增速，被动型财政政策在稳债务的前提下，可以保持较高的赤字率，可以扩大财政支出，可能呈现"货币紧/财政松"的政策组合（见图4-28~图4-31）。

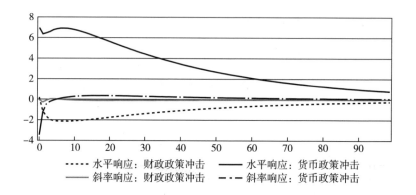

图4-28　美国国债收益率曲线的响应函数：政策冲击

资料来源：Wind 和作者计算。

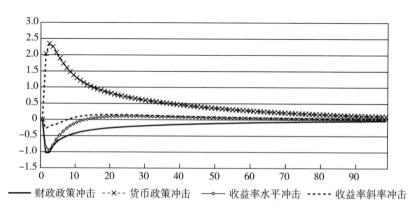

图4-29　美国通胀的响应函数：政策和曲线冲击

资料来源：Wind 和作者计算。

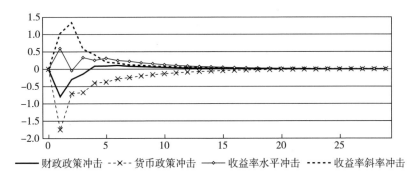

图 4-30 美国经济增长的响应函数：政策和曲线冲击

资料来源：Wind 和作者计算。

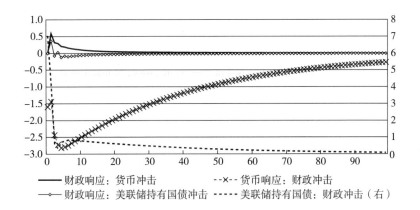

图 4-31 美国财政政策和货币政策的相互作用

资料来源：Wind 和作者计算。

3. 主动型财政/主动型货币

主动型财政/主动型货币政策组合通常实施于经济加速衰退期间，并且，这一政策组合通常要持续 2~3 个季度。相对于全样本区间的结果，主动型财政/主动型货币政策组合有如下特征：第一，国债收益率曲线对财政政策冲击的响应显著提升，与对货币政策冲击的响应水平相当。第二，经济增速对国债收益率曲线冲击的响应明显提升。这也意味着，在经济加速衰退期间，国债收益率曲线的政策传导效率也将明显提升。第三，财政政策对货币政策冲击的响应较小，货币政策对财政政策冲击的响应显著。这很可能是因为，在经济加速衰退期间，主动型财政政策注重稳就业（经济），扩大财政支出，货币政策冲击对其影响较小。与此同时，货币政策往往采取大幅降息的宽松策略，并对财政支出政策提供支持。因此，这段时期内，两大政策基本呈现"双松"的政策组合（见图4-32~图4-35）。

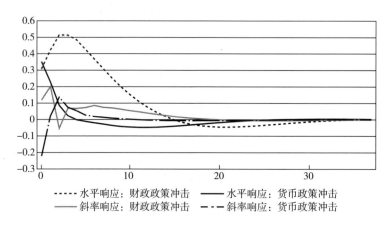

图4-32　美国国债收益率曲线的响应函数：政策冲击

资料来源：Wind 和作者计算。

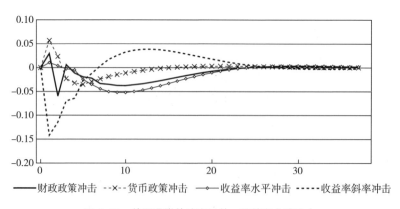

图4-33　美国通胀的响应函数：政策和曲线冲击

资料来源：Wind 和作者计算。

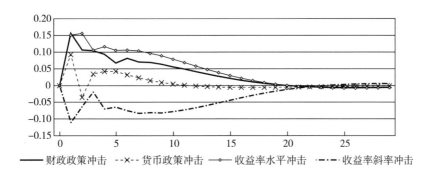

图 4-34　美国经济增长的响应函数：政策和曲线冲击

资料来源：Wind 和作者计算。

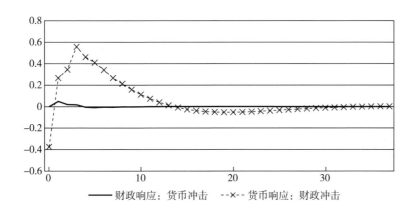

图 4-35　美国财政政策和货币政策的相互作用

资料来源：Wind 和作者计算。

4. 主动型财政/被动型货币

主动型财政/被动型货币政策通常实施于经济衰退缓和阶段，这一政策组合通常持续 3~4 个季度。模型结果表明，主动型财政/被动型货币政策组合状态下，一方面，相对于货币政策冲击，通胀和经济增长对财政政策冲击的响应更加显著。另一方面，货币政策对财政政策冲击的响应较小，财政政策对货币政策冲击的响应则相对显著。在经济衰退缓和阶段，被动型货币政策通常以小幅缓慢降息的方式维持宽松态势；与此同时，财政支出扩张的速度放缓。因此，财政与货币政策呈现"双松"组合，但是宽松的力度相较深度衰退期间已大为减弱（见图4-36~图4-39）。

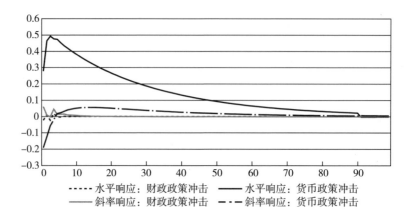

图4-36　美国国债收益率曲线的响应函数：政策冲击

资料来源：Wind 和作者计算。

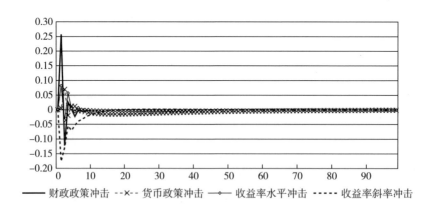

图4-37　美国通胀的响应函数：政策和曲线冲击

资料来源：Wind 和作者计算。

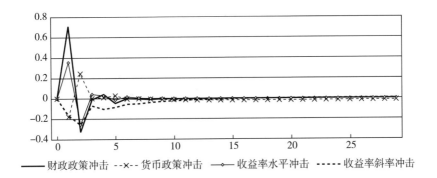

图 4-38 美国经济增长的响应函数：政策和曲线冲击

资料来源：Wind 和作者计算。

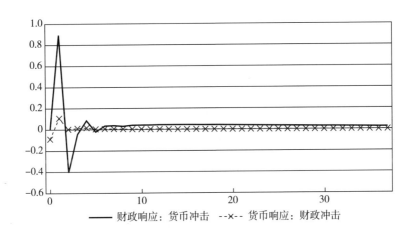

图 4-39 美国财政政策和货币政策的相互作用

资料来源：Wind 和作者计算。

5. 小结

通过对比美国不同政策状态下财政政策与货币政策调控效果及相互影响，我们可以观察到以下几个特征：

第一，美国国债收益率曲线具有较好的政策传导功能。货币政策和财政政策调控对国债收益率曲线均有显著影响，与此同时，反映政策意图的国债收益率曲线对通胀和经济增长也将产生显著的影响。且国债收益率曲线的政策传导功能在经济非正常运行时效果更加明显，例如，在高通胀或经济衰退时期的收益率曲线就具有更为显著的政策传导功能。

第二，不同的政策搭配下，经济运行对政策协调配合的要求不同，紧迫程度也不同，协调配合需求主要发生在经济非正常运行时期。经济运行正常的情况下，政策当局一般实施被动型财政/被动型货币政策组合，两大政策实施主动配合的诉求将明显低于经济非正常运行时期。

第三，短期国债占比和美联储持有国债的数量，在政策调控及两大政策协调配合中起到了重要作用。政府支出增加（尤其是经济衰退期间）时，短期国债占比通常上升，这表明经济衰退时财政部更多依赖发行短期国债为额外的支出融资；而当货币紧缩，利率上行时，财政部也会相应地增加短期国债占比，来减少融资成本。此外，模型分析的结果显示，当财政支出增加时，美联储可以通过增持国债来予以配合；而美联储调降政策利率时，其也会通过增持国债数量来实施货币投放（增持规模足够大时，称为"量化宽松"）。

第四节　中美比较分析

通过对比中美财政与货币政策的实证结果我们能够发现，中美的宏观调控具有共性，但由于中美两国宏观经济环境、体制机制的显著差异，两国的政策调控模式和调控效果均存在明显不同。

从货币与财政政策状态转移机制来看，中美两国存在如下异同：

第一，中美财政政策调控机制均表现出一定惯性，而货币政策调控则更为灵活，这在一定程度上反映出货币政策调整的便利性高于财政政策。实践中，财政政策调控涉及更多政治因素，如财政预算和债务上限的调整需要立法机构审议通过，其流程相当烦琐耗时。相对而言，货币政策则保持了一定独立性，各国尽量对其减少政治干预，中央银行可根据经济金融状况，及时进行调整。在样本考察期内，中美财政政策状态转移频率均远小于货币政策转移频率，尤其是中国，在近 20 年的时间内，财政政策状态只出现过一次转移。

第二，中美货币政策状态转移的时点基本一致。货币政策由被动型转为主动型的时间节点基本处于经济过热导致的通胀飙升或经济衰退引起的通胀急剧下行阶段。20 世纪 90 年代以来，中美采取被动型货币政策的比例明显更高。

第三，中美财政政策状态转移的背景存在显著差异。由于所处经济发展阶段不同，使得两国财政政策关注的重点存在明显差异。中国经济长期的高速增长和赶超模式下，财政政策并未真正遭遇无法回旋的债务压力，政府一直采取主动型财政政策。随着中国经济增速下滑和增长方式转变，政府开始正视经济结构调整所带来的财政压力，财政大约在十年前切换成关注债务的被动型财政政策。而美国的经济增长模式和管理体制早已成熟，财政政策一直以被动型为主，只有当经济出现衰退时，财政才会转变为主动型模式。随着中国经济增速下行压力凸显，未来中国的财政政策转移机制可以更多地借鉴其他国家的成熟经验。

从财政政策与货币政策协调配合及调控效果来看，中美两国的差异则更加明显。

第一，中美国债收益率曲线政策都具有政策传导功能，尤其是在遭遇危机冲击时传导功能更强，但美国的国债收益率曲线的政策传导效果高于中国。美国国债市场发达，利率市场化程度高，宏观调控机制和手段更加成熟，其货币与财政政策调控对国债收益率曲线均有显著影响，且收益率曲线能将政策意图传导至实体经济。反观中国，随着国债市场发展和利率市场化改革，国债收益率曲线的政策传导功能日渐显现，但总体上国债市场建设与利率市场化仍有进一步完善空间。本文实证测算中国的国债收益率曲线对货币政策的传导效率相当于美国的84%，在马骏等（2016）测算结果（注：2002—2015年中国国债收益率曲线各期限平均传导效率为美国的77%，本文采用NS分解的水平因子替代各期限平均水平）基础上添加了2016—2022年最新数据，表明近年来中国国债收益率曲线对货币政策的传导效率有进一步提高。

第二，美国货币与财政政策整体呈现"一松一紧"的配合，中国货币与财政政策更倾向于"同松同紧"的配合。相对来说，"一紧一松"的政策配合有助于经济运行的稳定和政策可持续性，适用于经济温和增长且波动较小的经济体。中国经济长期处于高速发展阶段，难免会遭遇各种波动冲击，同时，随着经济体制的不断改革深化，宏观政策调控的难度也逐渐加大，而在这个过程中，政策按照总体宏观调控的指导思路，更容易出现"同松同紧"的配合。在经济运行正常时，美国的财政政策与货币政策的透明度均较高，美国财政部与美联储会根据经济状况和对方政策安排相应地调整各自政策。而在经济运行遭遇冲击时，双方主动进行沟通交流，以避免出现政策冲突。

第三，美国短期国债占比和美联储持有国债的数量，在两大政策协调配合中发挥了重要作用。不同期限国债的特点和功能不同，短期国债灵活且利于债务成本控制，在应对财政短期资金盈缺上具有明显优势，尤其是在进行国库现金管理或应对衰退实施财政救助措施时，

这种优势将更为突出。在美国，短期国债的发行占比通常超过了
50%，短期国债余额占比超过 15%，整个短债市场在公开市场操作、
财政现金管理和流动性市场运行中都发挥了极其重要的作用。同时，
美联储持有的国债（包括长短期国债）也是两大政策协调配合的关键
点，这既表明了美国的货币发行机制采用的是主权信用模式，也体现
了货币政策与财政筹资的积极配合，这一机制在经济面临衰退冲击时
的稳定作用尤为明显。而中国短债占比相对较低，且中央银行常规情
况下不持有国债（特别国债除外），这在一定程度上制约了宏观调控
的空间，影响政策配合效果，同时也会影响金融市场发展的广度和
深度。

第五章 政策建议

通过研究国债管理与国债收益率曲线，我们能够更为清晰地审视财政政策与货币政策协调配合中的一些关键问题。结合国际经验，本书提出以下相关建议值得认真考虑。

一、转变宏观政策调控机制，加强货币与财政政策的协调配合

根据经典的物价水平财政理论，最优政策组合应该是被动型财政政策/主动型货币政策，即通过对债务较敏感的被动型财政政策来稳定债务，通过对通胀容忍度低的主动型货币政策控制物价，以达到经济均衡。但上述仅仅是一个理论推演的结果，中美的实践证明，上述搭配并非最优政策搭配，也不是政策当局的常态化选择。

现实中，政策组合不得不根据经济形势的变化进行调整。总体来看，货币政策状态转移更为灵活，因此在实践中货币政策通常保持被动型状态，在温和通胀的条件下，尽量以产出或就业为目标。但当通胀出现剧烈波动时，货币政策将及时由被动型转为主动型。而财政政策调控的体制惯性较大，这也意味着财政政策进行状态转换相较于货

币政策更为困难。发达国家，财政政策以被动型为主，以确保政府债务的稳定和可持续性。但当经济出现严重衰退或发生危机时，财政政策会主动发力，发挥财政的经济托底功能，以维护经济增长和就业的稳定。

结合政策调控机制的现实特征，常态下较优的政策搭配应该为被动型货币政策/被动型财政政策的组合，一旦出现高通胀或经济衰退，两大政策的状况就应及时调整。党的十八大以来，我国强调财政纪律，财政一直保持被动型状态，这也给未来保留了充足的政策空间。受三期叠加和新冠疫情影响，目前我国经济面临需求收缩、供给冲击、预期转弱的三重压力，为应对当前经济下行和有效需求不足的压力，财政政策可主动发力，充分发挥结构性和直接性的调控优势。当前我国的宏观政策应该考虑被动型货币政策/主动型财政政策的组合，"财政政策主导、货币政策配合"将是更优的策略。在这一政策组合下，财政政策可以进一步提升政策的效能，更加精准、可持续地实施扩张性政策，货币政策要维持相对宽松的政策环境，为积极财政政策的实施提供稳定、持续的金融条件。结合当前国内外错综复杂的形势，应该适时提升宏观调控实现方式的灵活性，以更经济、更有效的方式实现调控目标。

二、货币发行向主权信用模式转变，推动中央银行开展公开市场买卖国债

境外成熟经济体的货币发行机制基本都以主权信用模式为主，通过公开市场操作买卖国债投放基础货币，国债成为货币当局资产端最为重要的压舱石。由于当前国际货币体系的信用本位特征，事实上，

作为国家信用的一体两面，一国国债与该国货币的国际化相辅相成，通过流动性较强的国债市场强化本国货币在全球经济金融中的垄断地位，已成为一个自然的过程。对美国数据的实证分析发现，当财政赤字上升时，美联储会通过短期内增持美国国债进行配合，这就保证了美国财政筹资的可持续性。在遭遇金融危机、疫情冲击等特殊时期，这种配合尤为必要。因为面对危机时，一方面，需要财政主动发力来应对有效需求不足，国债发行规模大幅提高，这时需要中央银行买入国债予以支持；另一方面，特殊时期实体企业和商业银行的信用出现大幅波动，通过持有主权信用的国债能够稳定中央银行资产，进而确保货币发行与信用创造的稳定性。

2014年以来，我国货币发行机制逐渐由外汇资产模式转向中央银行再贷款模式，目前，我国已形成以外汇资产和中央银行贷款并行的货币发行模式。但在经济下行周期中，中央银行贷款模式容易造成中央银行"资产负债表冲击"，同时不利于中央银行发挥"逆周期调节"的作用。目前，我国的基础货币投放方式仍集中在质押式回购的定向授信模式，虽然这看似具备了一定的主权资产模式的特征，但本质上仍然是央行通过贷款的模式投放基础货币，并且国债的质押式回购也不利于国债流动性的提升。外汇资产模式为发展中国家和小型经济体提供了"货币之锚"，但同时外部经济金融环境的变化无疑会对货币发行国造成显著影响，货币政策的独立性难以保证。而主权资产模式则具有明显的优越性，对于中央银行来说，国债风险最低，价格也最为稳定，这就为货币发行提供了稳定的价值基础。同时，成熟的国债市场也为货币政策的实施提供了切实有效的操作工具，国债市场形成的收益率曲线也成为金融资产核心的定价基础。对财政部而言，中央银行持有国债，既扩大了收入来源，又降低了对于税收的依赖，进一步拓展财政政策的空间与灵活度。

当下，法律已明令禁止中央银行在一级市场上直接为国债筹资，并且中央银行具有在二级市场上买卖国债的完全主动权。因此，财政纪律能否得以执行，债务扩张能否得到有效控制，关键点并不在于央行是否持有国债。事实上，国债成为货币发行的基础需要具备一定的条件，相对稳定的经济增长、自律的财政纪律是其中的必要条件，与此同时，一个具备广度和深度的国债市场也是保证货币平稳发行的基础，但一个完善的国债市场本身就需要财政政策与货币政策在不断的协调配合中磨合形成。因此，建议我国货币当局考虑建立公开市场国债买卖常态化操作机制，逐步向货币发行的主权信用模式转变，进一步强化中国国债与人民币在全球经济金融体系中的地位。实践中，可参考发达国家做法，从偏中长期的国债品种入手，视情况逐步扩大购买规模和品种选择。

三、稳步推进国债市场的国际化建设

国债作为最具代表性的主权信用资产，是境外投资者的重要投资对象，同时，建立在发行国之外的离岸国债市场，对于一国的金融开放、本币国际化同样具有重要的推动作用。

统计数据显示，海外投资者一直是美国国债的重要持有者之一。美债海外持有占比于次贷危机前后最高达到43%左右，新冠疫情冲击再次引发量化宽松，美联储进一步大幅增持国债，加上各国积极探索推进外汇储备多元化，到2022年末，美债海外持有占比已稳定在30.45%。反观中国，自2014年以来，境外机构持有中国国债的规模和份额持续增加，份额于2022年2月达到11.1%的高点。近年来我国的主管部门颁布了多项政策措施，简化境外机构投资程序，大力推进中国债券市场对外开放。目前，境外机构可通过"全球通"和"债券通"等途径，直接或通过互联互通方式投资国内银行间债券市场和交易所债券市场。截至 2021 年 10 月，中国国债已被纳入国际三大债券指数，从而吸引了大量被动配置型资金投资于我国国债市场。未来，中国完全可以通过市场的进一步有序开放，推动整个国债市场的发展与完善。建议对境外商业机构全面放开银行间债券回购业务，可先放开逆回购，在控制杠杆的情况下放开正回购，以促进流动性提升，回应投资者关切。同时可以适时稳妥允许境外投资者参与境内国债期货交易等。

目前，美国、英国、日本、新加坡等经济体均建成了相当规模的离岸市场，极大地增强了该国货币的国际地位。例如，离岸美元市场的蓬勃发展，促进了美元在美国境外的流通，增强了国际市场对于美元的需求。为了将离岸业务部分保留在本国，以增加境内金融机构的国际竞争优势，美国甚至设立了"国际银行设施"（International Banking Facilities，IBF），开创货币发行国境内设立离岸金融市场经营本币之先河，从而为美元的境外流通增添了渠道，吸引美元业务回流到美国本土。日本参照美国 IBF 设计推出东京离岸市场（JOM），目的是吸引欧洲日元回流到日本本土并助推日元国际化。由于国债市场具有规模大、流动性强、安全性高等属性，国债已成为境外投资者的主要投资品种，主要发达经济体均将发展离岸国债市场作为提升本国货币国际地位的重要切入点。

从 2007 年首次发行产品至今，我国离岸人民币市场建设在曲折中前行，当前境外人民币国债的发行规模仍较小，配套的投融资工具还不够齐全。建议在境内外国债统筹的前提下，逐步增加境外人民币国债发行规模，丰富境外人民币产品，推动人民币国债成为国际市场通行上被广泛接受的合格担保品，积极推动人民币国债离岸市场建设，完善人民币回流机制，更好助力人民币国际化。

四、完善债务约束机制，科学设置债务上限

当前国际通行的债务约束机制包括预算平衡（赤字约束，以欧盟为代表）、债务上限（以美国为代表）等机制。我国自 2006 年起，由国债发行额管理制度转变为国债余额管理制度，具体实施中，预算长期受 3% 赤字率硬约束（2021 年略有突破）。这一约束设置参考了"国际惯例"——《欧洲联盟条约》"3% 赤字率、60% 负债率"，但回顾这一惯例的由来我们能看到，欧盟规则是基于当时（1990 年）负债率、经济增长等因素的估算值，而且更多的是一种政治谈判的结果。

当年，考虑到 1990 年欧共体谈判时期成员国大致的平均负债率水平，欧盟确立了 60% 的负债率目标。而赤字率则是在当时名义经济增长率预期下，确保维持 60% 负债率的推导估算值，赤字率 ≤ 5%（当时的名义经济增速）×60%（1990 年平均负债率）= 3%，即赤字率引发的负债率上升的部分应小于经济增长带来的负债率下降的部分。进一步，根据财政预算平衡式，若要保持 60% 的负债率和 3% 的基本赤字率，名义 GDP 增速与债务成本（债务付息/债务余额）差值要长期稳定在 5 个百分点以上。显然，现实世界很难实现这一目标。因此，自签约以来，尤其是次贷危机以来，欧盟"3% 赤字率、60% 负债率"的规则不断被突破。面对这一困境，欧盟只能被动实施更为灵活的财政规则，例如，规定在出现经济衰退、经济增长率为负等特殊情形下，赤字率可暂时突破 3%；在债务规则上，即便负债率超过 60%，如能在给定的时间内以令人满意的速度下降，也属于符合规则。

此外，从美国和日本的经验来看，受 2008 年金融危机冲击带来

的通缩和有效需求不足的长期困扰，财政扩张尤其是摆脱赤字率或债务上限的约束，已成为应对特殊时期挑战的重要手段之一。新冠疫情以来，欧元区包括德国等财政稳健的成员国家也在欧元区相关财政约定（《欧洲联盟条约》）的基础上探索放松财政赤字、债务率双约束的政策安排，积极应对特殊时期的经济困局。

从国际经验和中国的现状来看，应高度重视政府赤字和债务对于特殊时期刺激有效需求、保持经济稳定的关键作用。长期以来，我国债务率严格遵守"3%赤字率、60%负债率"的硬性约束，在国际各大经济体中一直处于较低水平。这使我国的法定债务水平具有较高的安全度，同时也意味着，未来运用财政手段保持经济增长的稳定仍具有较大空间。因此，建议科学设置债务规模上限的约束机制，结合国内外形势，密切评估国内有效需求、就业、物价以及货币币值状况，合理调整债务上限和赤字约束。

五、推进库底目标余额制度建设，丰富国库现金管理工具，优化国库现金与中央银行流动性管理

国库现金管理通常要实现三个目标：满足日常财政支出需求；保证国库现金合理的收益；避免与中央银行货币操作产生冲突。2008 年次贷危机前的美国国库现金管理方法提供了很好的借鉴：设立于美联储纽约分行的 TGA 账户余额保持稳定，大约为 50 亿美元（必要时可与美联储沟通增至 70 亿美元），用于满足当日财政支出需求，同时减少财政存款对美联储流动性管理的冲击；设立于各大商业银行的 TT&L 账户，用于承担财政存款的波动造成的影响，实现财政资金的投资收益；同时，财政部主要通过灵活发行短期国债的方式应对国库

现金盈缺问题。反观我国的国库现金管理，虽然也采取了类似于美国的定期存款拍卖措施以提升国库现金的收益，但中央银行资产负债表中，财政存款的规模高达 4 万亿~5 万亿元。这既造成了大量财政资金闲置，同时由于财政存款的波动较大，也增加了中央银行管理流动性的难度。因此，需要加快推进国库现金管理的库底目标余额制度建设。为此，以下几个方面尤为重要：

第一，设置合理的库底目标，实现精细化的现金流预测。库底目标过低，不能满足当日财政支出需求；而库底目标设置过高，容易造成资金闲置。这就要求财政部门必须具备先进的现金流预测技术，同时也需要财政部门与货币当局就现金管理问题建立常态化的沟通机制。

第二，财政存款的投资操作与中央银行日常公开市场操作分离，避免产生冲突。美国财政资金的投资途径包括定期存款拍卖、常规主账户余额利息收入、回购等。未来中国也可以考虑类似的模式，但需要特别注意上述财政资金操作应与中央银行公开市场操作隔离，但及时有效的信息交换是双方成功实施操作的基本保障。

第三，库底目标余额制度涉及中央银行资产负债表结构的重大调整，需要与货币政策调整紧密配合。推行库底目标余额管理，将显著降低中央银行负债端的财政存款余额，同时导致商业银行准备金增加，这会对货币政策的现金投放计划造成干扰。为保持整体流动性环境的稳定，推行库底目标余额制度要求财政与货币当局必须协调统筹。

第四，应加快丰富国库现金管理工具，尤其是加大短期国债的发行。首先，短期国债具有灵活性，特别适合就国库现金盈缺的情况进行对冲操作；其次，短期国债融资成本较低，且又是货币市场的重要投资标的与抵押品，扩大短债发行能够扩大货币市场容量，从而有效降低整个金融体系的流动性溢价；再次，短期国债发行，有利于优化国债期限结构，健全国债收益率曲线；最后，短期国债是中央银行管理流动性的重要工具之一。近年来，我国就短期国债的常规发行已开展了积极探索，但总体来看，仍存在较大发展空间。未来，应加快推进短期国债发行的改革，同时，中央银行可通过公开市场操作买卖短期国债予以配合。

六、积极发挥财政部在债务管理与国债市场建设中的主导作用，建立统一高效的政府债券市场

国际成熟经验表明，应积极发挥财政当局的主导作用，协同中央银行、金融监管部门以及行业自律管理机构，建设一个统一高效的政府债券市场。

第一，确保国债供给的效率。财政部应确保在正常情况下，有规律地向市场提供不同期限和品种的国债，并在条件成熟时，创设通胀保值国债等新品种。做好政府融资计划与债务管理计划，通过持续做好预发行、增发行、续发行和滚动发行等保障国债市场稳健运行。

第二，参照境外经验并结合国内实际，在国债管理与制定债务政策之外，财政部应该就国债市场管理中的一些行政事务（招投标与赎回）以及在国库现金管理等方面，发挥更多的主导作用。

第三，财政部与中央银行、金融监管部门以及自律管理机构共同推动完善国债二级市场交易机制，出台统一的国债市场管理规则（不区分交易场所）。对国债一级交易商的承销和做市进行联动考核，推动成熟、灵活运用做市支持、随买随卖等政策。当然，财政部提升国债流动性的安排以及国库现金管理涉及的短期国债操作，应与中央银

行公开市场操作做好衔接与协调，共同维持金融市场流动性；财政部与相关监管部门应重视国债期货、回购市场以及利率互换等国债衍生品市场的建设，使之与国债现货市场建设形成合力。进一步发展与国债相关的各类风险管理工具，丰富短期、中长期的国债期货品种，有序扩大国债期货投资者范围，允许承担做市商业务的商业银行、理财产品参与国债期货交易，促进期现联动发展，同时建立完善的国债期货监管协调、信息报送制度，以防范跨市场风险。适时推出国债期权等衍生工具，以更好应对市场波动给投资者带来的极端风险。

第四，财政部主导建立集中统一的国债登记托管基础制度。不断完善统一的托管后台对接多个交易前台的基础设施架构，强化财政部、中央银行以及金融监管部门与自律管理机构对国债市场的联合监测与分析，确保国债市场平稳健康地运行。

第五，财政部适时主导建立财政部下属的债务管理办公室，或者设立由国债一级交易商等主要市场机构组成的国债融资顾问委员会，在财政部的管理下专责国债管理事务的具体制定与执行，密切关注国债市场流动性状况与市场建设，进一步促进国库现金管理和债务管理与财政货币政策之间的协调配合。

与国债同样具有政府债券属性的地方政府债券，作为财政收入的重要来源，对于推动中央财政政策与宏观调控在地方的落地，发挥了十分关键的作用。相较于美、日等主要经济体已建立了较为完备的地方政府债券管理制度，我国的地方政府债券规模上升得十分迅速，但相应的债务管理机制尚处于起步阶段。就地方政府债券的总体结构而言，应该综合考量一般债券与专项债券的关系，建议适当提高一般债券比重。因为，在实际运行中，部分专项债券所投资的项目具有准公共品的特征，或许单个项目的盈利性不强，但具有较强的外溢性，一部分专项债券项目已出现了"一般债券化"的趋势。另外，可以在统筹经济社会发展需要和财政可持续状况、科学确定赤字率水平基础上，根据逆周期调节的需要，合理搭配赤字和专项债券规模。在经济下行周期，适当扩大赤字规模。同时，不断提升地方政府债券的市场流动性，将地方政府债券纳入政府债券市场统筹发展的角度进行考虑。

七、财政部与中国人民银行协同健全国债收益率曲线，共同推动曲线深入应用

国际经验表明，主要成熟经济体基本都通过财政或货币当局编制发布国债收益率曲线，涉及的价格源、方法论与质量控制支持等一般指定其他机构配合提供。美国和日本由财政部编制并发布国债收益率曲线（或关键点位值），英国和德国（欧元区）主要由中央银行编制发布，其中，欧洲中央银行编制发布了欧元区统一的国债收益率曲线（并区分了不同信用等级）。编制过程中，美国由纽约联储提供市场报价数据作为价格源，日本由日本证券业协会提供价格信息源，英国由债务管理办公室、彭博社、做市商协会等提供价格源。

当前，我国的国债收益率曲线由财政部、中国人民银行等主管部门官方发布，由中央结算公司通过每日广泛收集成交、结算、报价等全市场价格数据，使用公开透明的方法编制而成，整个编制过程严格对标 IOSCO 国际监管标准实行的产品质量管控体系。迄今为止，该曲线受到主管部门、市场机构乃至国际组织的广泛认可。在国债收益率曲线的深入应用上，财政与货币当局还可以进一步共同发力，更好地发挥国债无风险利率基准的关键作用。

第一，建议财政部与中国人民银行联合成立国债收益率曲线应用

评估小组，推动金融机构在市场化定价中广泛参考国债收益率，尤其是在商业银行的内部资金转移定价（FTP 定价）和存贷款定价中参考国债收益率曲线。可以考虑在存贷款定价中先参考长端 20 年期、10 年期的国债收益率，然后逐渐扩大至中端和短端国债收益率，逐步强化市场自律组织中的存款定价参考 10 年期国债收益率基准的这一柔性约束，并推动在 LPR 市场化定价中参考国债收益率，将金融机构相关应用情况纳入管理当局对金融机构的相关考核中。在此基础上，建议进一步扩大其作为非标债权、贷款、股权、衍生品等债券之外的金融资产以及相关联非金融资产的定价基准，创新、丰富以国债收益率为定价基准的金融产品，包括发行以短期国债收益率为定价基准的浮动利率国债、开发以国债收益率为标的的金融衍生品等，进而提升利率机制在整个金融市场中的传导效率。

第二，建议推动中国人民银行逐步在公开市场重启国债买卖的日常操作，推动建立以国债收益率曲线为政策中介目标的货币政策框架与传导路径。从境外政策的应用情况看，国债收益率曲线被广泛应用于主要国家的货币政策操作框架中，包括收益率曲线管理（控制）、扭曲操作、政策中介目标和政策传导等诸多方面。本文的实证分析也表明货币与财政政策可通过影响国债收益率曲线来更好地实现宏观调控。

第三，重视国债收益率曲线中蕴含的前瞻性信息，持续跟踪分析曲线形态的变化，进一步加强国债收益率曲线在货币政策分析与制定中的应用。进一步开发以国债收益率曲线为基准的金融产品，全方位提升国债收益率曲线定价的信息涵盖面。反过来，进一步拓展国债收益率曲线应用的广度深度，进而整体提升金融市场的运行效率。

八、进一步加强以国债为基础的金融市场流动性机制安排

当前，无论一国属于哪种金融结构，都要求管理当局确定一个核心的流动性市场，该市场在任何情况下都能保证流动性的充足。如果价格波动有限的高流动性资产成为安全抵押品，那么政府债券自然成为首选，政府债券市场既能成为其他资产定价的基准，又能成为流动性扩张的抵押品，这种特性决定了政府债券的高流动性。目前，美国和欧洲的回购市场规模大约为 20 万亿美元，其中大约 60% 的回购交易是以政府债券为抵押，可见国家是影子银行和银行的影子银行业务中最主要抵押品的制造者。政府债券抵押品支持的回购交易越多，速率越高，整个市场的流动性越强，相应地，在其支持下的资本市场信用扩张也会越多。如果从债券发行的金融影响来看，当前流动性体系下的财政部门已经成为"影子中央银行"。

但回购市场同样也存在着不稳定因素，在监管方面，对回购市场的管理应当遵循以下几个原则：

第一，对抵押品范围做出限制。对于各类政府债券、准政府债券作为抵押品的性质做出规定，并根据抵押品类型确定相关折扣系数。

第二，中央银行与财政部进行协调与配合，以确保安全资产的充足，同时形成危机期间的合理应对机制（例如以高质量抵押品——国债置换流动性不好的抵押品），以便迅速恢复危机导致的流动性紧缩状况。

第三，宏观调控与监管政策的协调。监管政策也会对流动性市场参与主体的行为产生重大影响，进而影响货币政策的流动性管理效

果。对各种政策给流动性带来的叠加影响需要做好预判，提前进行政策协调。

第四，设定抵押折扣率的逆周期调节机制。抵押回购并不能从根本上消除流动性市场的风险，基于宏观审慎管理的考虑，可以对抵押品的最低折扣率进行逆周期调节。

人民币流动性市场由在岸与离岸两个市场组成，虽然目前离岸人民币市场远不如离岸美元市场庞大和完善，但作为后发者，可以借鉴其他国家的发展经验。在离岸人民币市场的管理方面，可以考虑以下问题：

第一，根据人民币跨境融资债权形式的变化及时调整监管形式。当前人民币跨境债权的形式依然以国内银行对其他国家的贷款为主，因此，当前的监管重点在于银行的资产质量。随着今后外资银行广泛参与离岸人民币信用创造和货币市场交易，监管重点也应该相应地调整到对于回购市场抵押品规则、安全资产的创造、货币市场基金，甚至是机构资金池的监管上来。

第二，中央银行需准备好做人民币最后做市商（Dealer of Last Resort，DLR）。加强与各国中央银行的合作，建立更广泛的、更便利的人民币互换渠道，根据实际情况设置中央银行间互换工具，或是其他流动性救助工具。这其中，中国的政府债券可以成为核心的抵押品。

第三，搭建好国际金融监管一致性框架，减少由于监管分化衍生出的风险。金融开放过程中，外资的在岸金融机构应该遵循与中国金融机构相同的监管规则。尤其是在货币市场上，中国金融机构跨境货币交易的经验并不丰富，监管机构对于相关领域的运行模式也并不熟悉，可以通过加强国际监管合作，不断提升我国管理当局在这一领域的监管能力。

九、在更高层面确立财政政策与货币政策的协调机制，系统性推进两大政策协调配合

两大政策之间进行协调配合，必须有一个构架于财政、货币两大主管部门之上的协调机制，以系统地将政策协调配合推上正轨。主要经济体通常会在立法机构中设置一个委员会，以促进宏观与监管政策协调、维护金融稳定，这其中，财政与货币当局的主要负责人是该委员会的核心成员。例如，美国根据《多德—弗兰克法案》设立了全新的监管机构——金融稳定监管委员会，由财政部长、美联储主席以及其他13名成员组成，该委员会直接对国会负责，以保障美国监管政策之间的协调一致，形成合力维护金融市场稳定。英国在次贷危机之后建立了金融政策委员会，由财政部长、中央银行行长、外部专家等组成，该委员会主要承担识别和监控英国金融市场上的系统性风险、与政府的经济政策协调配合的职责，定期召开例会讨论当前市场与政策的热点问题。

当前，我国在财政政策与货币政策协调配合方面尚未建立系统的工作机制，而当前经济增长方式转变、国内外发展环境的变化所带来的压力已对两大政策协调配合提出了迫切要求。亟须以国家宏观利益大局为根本依循，搭建一个公平、开放的平台以推进政策的协调配合。

借鉴国际经验，可以考虑如下安排：第一，在中央财经委员会或者是国务院层面设立专门的政策协调工作组（或委员会），专门负责推进政策协调配合的相关工作，以使各类宏观与监管政策能够形成合力，保障金融市场的稳定发展。第二，合理设置协调工作机制的组成

人员，涵盖财政部、中央银行和金融监管机构等部门主要负责人，并适当引入在金融市场、宏观经济、政策研究等领域有丰富经验的外部专家，建立一个内外部、多部门兼容并包的建议听取机制。第三，采用各种会议推动相关工作。例如，委员会向上级组织定期汇报，委员会以内部例会、不定期研讨等形式广泛听取市场参与者对于相关政策问题的意见，不断完善政策的协调配合。

十、保持更为畅通的信息交流，实现两大政策的主动配合

保持不同宏观调控政策之间的有效沟通交流机制，是了解双方政策目标、框架、操作方式的最直接途径，有利于提升政策配合的效率。一方政策的实施，应充分考虑其溢出效应以及另一方的政策反应。充分认识、了解对方的目标、职责和业务框架，确保双方信息和观点共享更为通畅有效。通常来说，增加政策透明度可以增进双方的了解，但这也绝非一劳永逸之策。因为，信息披露将明显提升管理成本，决策过程包括数据理解、决策框架、政策评估和部门行政安排等诸多因素，这就让决策全链条的透明在现实中无法实现。再加上部门的决策都面临着外部信息冲击，其他部门的信息开放并不能降低本部门的决策难度。在这种情况下，相关部门之间就政策决策的核心关注点进行有效沟通，反而能最大限度优化本部门的决策，并且从整体上提升宏观调控的效率。

考虑到经济形势和政策调控的复杂情况，有必要建立正式和非正式的信息交流沟通机制。尤其是在危机救助时期，及时的信息交换显得尤为重要。当遭遇危机冲击时，财政收支差额急剧增加，财政部门

有成本控制下的赤字融资需求；货币当局有安全资产作为抵押品的流动性工具需求。双方基于各自立场和需求，可以以国债为桥梁，通过政策协调配合力争达成各自政策目标。具体实践中，可建立正式的政策沟通机制，丰富现有沟通机制内涵，双方可就救助规模、时机以及职责（损失承担）保持及时密切沟通。此外，可借鉴国际经验，推动官员在两部门之间交叉任职，尤其是业务相关单位之间的交叉任职，这对增进相互理解、提高政策传导的效率大有裨益。

参考文献

［1］ Leeper E M. Equilibria under "active" and "passive" monetary and fiscal policies ［J］. Journal of Monetary Economics, 1991, 27 (1): 129-147.

［2］ Leeper E M. The policy tango: Toward a holistic view of monetary and fiscal effects ［J］. Economic Review-Federal Reserve Bank of Atlanta, 1993, 78 (4): 1.

［3］ Moser-Boehm P. The relationship between the central bank and the government ［C］. Central banks and the challenge of development, A special meeting of governors held at the BIS, Basel, 2006: 14-15.

［4］ Hetzel R L. What is the monetary standard, or, how did the Volcker-Greenspan FOMCs tame inflation? ［J］. FRB Richmond Economic Quarterly, 2008, 94 (2): 147-171.

［5］ Bernanke B S. The Federal Reserve and the financial crisis ［M］ //The Federal Reserve and the Financial Crisis. Princeton University Press, 2013.

［6］ Hicks J R. Mr. Keynes and the "classics"; a suggested interpretation ［J］. Econometrica: Journal of the Econometric Society, 1937:

147-159.

[7] 易纲，赵晓，顾义河. 货币政策乎？财政政策乎？——中国宏观经济政策评析及增长的建议［J］. 经济研究，1998（10）11-19.

[8] Kydland F E, Prescott E C. Rules rather than discretion: The inconsistency of optimal plans［J］. Journal of Political Economy, 1977, 85（3）: 473-491.

[9] Barro R J, Gordon D B. A positive theory of monetary policy in a natural rate model［J］. Journal of Political Economy, 1983, 91（4）: 589-610.

[10] Barro R J. Reputation in a model of monetary policy with incomplete information［J］. Journal of Monetary Economics, 1986, 17（1）: 3-20.

[11] Ball L. Time-consistent policy and persistent changes in inflation［J］. Journal of Monetary Economics, 1995, 36（2）: 329-350.

[12] Svensson L E O. Inflation forecast targeting: Implementing and monitoring inflation targets［J］. European Economic Review, 1997, 41（6）: 1111-1146.

[13] Yun T. Nominal price rigidity, money supply endogeneity, and business cycles［J］. Journal of Monetary Economics, 1996, 37（2）: 345-370.

[14] Woodford M. Price-level determinacy without control of a monetary aggregate［C］//Carnegie-Rochester conference series on public policy. North-Holland, 1995, 43: 1-46.

[15] 卞志村. 基于物价调控的我国最优财政货币政策体制研究

［M］．北京：人民出版社，2017.

［16］Barro R J. Optimal Debt Management［R］. National Bureau of Economic Research, Inc. , 1995.

［17］Calvo M G, Guidotti M P E. Management of the Nominal Public Debt Theory and Applications［M］. International Monetary Fund, 1990.

［18］Estrella A, Hardouvelis G A. The term structure as a predictor of real economic activity［J］. The Journal of Finance, 1991, 46（2）：555-576.

［19］Estrella A, Mishkin F S. The yield curve as a predictor of US recessions［J］. Current Issues in Economics and Finance, 1996, 2（7）.

［20］Estrella A, Mishkin F S. Predicting US recessions：Financial variables as leading indicators［J］. Review of Economics and Statistics, 1998, 80（1）：45-61.

［21］Wright J H. The yield curve and predicting recessions［R］. Board of Governors of the Federal Reserve System（US）, 2006.

［22］Vlieghe G. Monetary policy expectations and long term interest rates［J］. Speech given by Gertjan Vlieghe, External MPC member, Bank of England at London Business School on, 2016, 19.

［23］Vlieghe G. The yield curve and QE［J］. Bank of England speech, available at：https：//www. bankofengland. co. uk/-/media/boe/files/speech/2018/theyield-curve-and-qe-speech-by-gertjan-vlieghe. pdf, 2018.

［24］Bank for International Settlements. Monetary and Economic Department. Fiscal Policy, Public Debt and Monetary Policy in Emerging Market Economies［M］. Bank for International Settlements, 2012.

[25] Bernanke B S. Monetary policy in a new era [J]. Evolution or Revolution?: Rethinking Macroeconomic Policy after the Great Recession, 2017: 3-48.

[26] Blanchard O J. The Mayekawa Lecture: Fiscal Policy under Low Rates: Taking Stock [J]. Monetary and Economic Studies, 2021, 39: 23-34.

[27] Canzoneri M, Cumby R, Diba B. The interaction between monetary and fiscal policy [J]. Handbook of Monetary Economics, 2010, 3: 935-999.

[28] Currie E, Dethier J J, Togo E. Institutional arrangements for public debt management [M]. World Bank Publications, 2003.

[29] Davig T, Leeper E M. Monetary-fiscal policy interactions and fiscal stimulus [J]. European Economic Review, 2011, 55 (2): 211-227.

[30] Faia E. Optimal monetary policy rules with labor market frictions [J]. Journal of Economic Dynamics and Control, 2008, 32 (5): 1600-1621.

[31] Favero C, Monacelli T. Fiscal policy rules and regime (in) stability: evidence from the US [R]. IGIER (Innocenzo Gasparini Institute for Economic Research), Bocconi University, 2005.

[32] Hanif M N, Arby M F. Monetary and Fiscal Policy Coordination [J]. Mpra Paper, 2003, 3.

[33] Hofmann B, Lombardi M J, Mojon B, et al. Fiscal and monetary policy interactions in a low interest rate world [J]. BIS Working Papers, 2021, No. 954.

［34］ Hoogduin L, Öztürk B, Wierts P. Public debt managers' behaviour interactions with macro policies ［J］. Revue économique, 2011, 62 (6): 1105-1122.

［35］ Krolzig H M. Markov-switching vector autoregressions: Modelling, statistical inference, and application to business cycle analysis ［M］. Springer Science & Business Media, 2013.

［36］ Lambertini L, Rovelli R. Monetary and fiscal policy coordination and macroeconomic stabilization. A theoretical analysis. ［J］. Quaderni-WorkingPaper DSE, 2003, No. 464.

［37］ Laurens B, De la Piedra E. Coordination of Monetary and Fiscal Policies ［J］. Imf Working Papers, 1998, No. 25.

［38］ Lewis J D, Viñals J. Revised guidelines for public debt management ［J］. International Monetary Fund: Washington, DC, USA, 2014.

［39］ Lienert I. Modernizing cash management ［R］. International Monetary Fund, 2009.

［40］ Moessner R, Turner P. Threat of fiscal dominance? Workshop summary ［C］//Workshop Summary (May 2012). BIS Paper, 2012 (65a).

［41］ Montiel P J. Public debt management and macroeconomic stability: an overview ［J］. The World Bank Research Observer, 2005, 20 (2): 259-281.

［42］ O'Donnell M R. Yield Curve Theories and Their Applications Over Time ［J］. Senior Projects Spring, 2020, No. 115.

［43］ Pessoa M, Williams M J. Government cash management: Relationship between the treasury and the central bank ［M］. International Monetary Fund，2013.

［44］Santoro P. The evolution of treasury cash management during the financial crisis ［J］. Current Issues in Economics and Finance，2012,18（3）.

［45］Sargent T J，Wallace N. Some unpleasant monetarist arithmetic ［J］. Federal reserve bank of minneapolis quarterly review，1981，5（3）：1-17.

［46］Togo E. Coordinating public debt management with fiscal and monetary policies：an analytical framework ［M］. World Bank Publications，2012.

［47］Wheeler G. Sound practice in government debt management ［M］. World Bank Publications，2004.

［48］白钦先，汪洋. 国债政策、财政政策及货币政策的协调与配合 ［J］. 西南金融，2008（2）：13-15.

［49］陈小亮，马啸. "债务—通缩" 风险与货币政策财政政策协调 ［J］. 经济研究，2016，51（8）：15.

［50］樊纲. 通货紧缩、有效降价与经济波动——当前中国宏观经济若干特点的分析 ［J］. 经济研究，2003（7）：3-9.

［51］方红生. 价格水平决定的财政理论：一个实证综述 ［J］. 数量经济技术经济研究，2008，25（5）：9.

［52］封北麟. 财政可持续与金融稳定——基于中国的经验研究 ［J］. 财政科学，2022（2）：33-51.

［53］龚六堂，邹恒甫. 财政政策与价格水平的决定 ［J］. 经济研究，2002（2）：10-16.

［54］何德旭，冯明. 新中国货币政策框架70年：变迁与转型 ［J］. 财贸经济，2019，40（9）：5-20.

［55］胡志浩，叶骋．美元流动性市场的转变，影响及启示［J］．金融评论，2021，13（5）：18.

［56］贾康，徐晓慧．我国国债政策取向及货币政策配合［J］．金融研究，2000（1）：11-17.

［57］贾康．财政与货币政策协调配合70年［J］．新理财（政府理财），2019（12）：70-73.

［58］贾康，苏京春．论中国财政政策与货币政策的协调配合［J］．地方财政研究，2021（2）：39-52.

［59］李扬．财政政策与货币政策的配合：理论与实践［J］．财贸经济，1999（11）：9.

［60］李扬．国债规模：在财政与金融之间寻求平衡［J］．财贸经济，2003（1）：51-57.

［61］李扬．货币政策和财政政策协调配合：一个研究提纲［J］．金融评论，2021，13（2）：1-11.

［62］刘金全，张龙．新中国70年财政货币政策协调范式：总结与展望［J］．财贸经济，2019，40（9）：16.

［63］刘斌．物价水平的财政决定理论与实证研究［J］．金融研究，2009（8）：17.

［64］龙小燕．我国宏观调控中财政政策与货币政策协调配合研究［D］．中国财政科学研究院，2019.

［65］娄洪．财政政策实施应当更好发挥短期国债作用［J］．债券，2020（7）：4.

［66］娄洪，韦士歌．关于推进现代国债市场建设的几点思考［J］．财政研究，2018（6）：84-88.

［67］马骏，洪浩，贾彦东，等．收益率曲线在货币政策传导中的

作用［R］．中国人民银行工作论文，2016.

［68］牛玉锐．打造定价基准 助力市场发展——中债估值中心业务发展回顾与展望［J］．债券，2021（3）：27-29.

［69］韦士歌．大国国债市场地位构建及政策建议——建立健全国债收益率曲线的深层思考［C］．2015.

［70］韦士歌．国库现金管理及与债务管理的协调配合［J］．财政研究，2003（2）：22-24.

［71］文建东，潘亚柳．动态随机一般均衡方法的形成与发展［J］．经济学动态，2013（8）：8.

［72］易纲．中国的利率体系与利率市场化改革［J］．金融研究，2021（9）：1-11.

［73］中国人民银行国库处课题组，罗赟．基于国库现金管理视角下我国财政政策与货币政策协调性的研究［J］．北方金融，2018（1）：5.

［74］周莉萍．国内财政国库库款与货币政策：一个分析框架［J］．金融评论，2019，11（4）：26-42.

［75］朱军，李建强，张淑翠．财政—货币政策的协调配合：理论综述与展望［J］．金融评论，2019，11（4）：12.

［76］张晓慧．多重约束下的货币政策传导机制［M］．北京：中国金融出版社，2020.

附表 财政政策与货币政策协调配合的政策建议

建议	目标	措施
一、转变宏观政策调控机制，加强货币与财政政策的协调配合	●结合政策变化适时调整调控目标及方式	●常态下被动型货币政策搭配被动型财政政策 ●危机时货币政策应及时调整应对，财政政策需暂时放弃稳债务目标以支持经济
二、货币发行逐步向国债的主权信用模式转变，推动中央银行逐步开展公开市场买卖国债，发展人民币国债离岸市场	●向主权信用模式转变 ●强化中国国债在全球金融体系中的地位	●中央银行适时重启国债买卖日常操作 ●改善中央银行资产负债表结构与质量 ●逐步转变货币发行的信用模式 ●加大境外人民币国债发行规模 ●丰富境外人民币产品 ●推动人民币国债成为国际市场通行合格担保品 ●对境外商业机构全面放开银行间债券回购业务
三、稳步推进国债市场的国际化建设	●国债市场有序国际化，助力人民币国际化 ●人民币国债离岸市场建设	●放开境外金融机构进入境内银行间债券回购市场 ●允许境外投资者参与境内国债期货 ●在总体统筹的情况下，增加国债境外发行 ●推动人民币国债成为国际金融市场的合格担保品
四、完善债务约束机制，科学设置债务上限	●科学设置债务上限 ●增强债务约束灵活性	●密切评估需求、就业、物价、货币等宏观环境 ●结合经济增长和就业目标科学设置债务上限 ●允许债务上限灵活调整

建议	目标	措施
五、推进库底目标余额制度建设，丰富国库现金管理工具，优化国库现金与中央银行流动性管理	●推进库底目标余额制度建设 ●丰富国库现金管理工具	●精细现金流预测，设置合理库底目标 ●与中央银行日常公开市场操作相隔离 ●加大短期国债的发行 ●完善短期国债的常规发行机制 ●中央银行买卖短期国债予以配合
六、积极发挥财政部在债务管理与国债市场建设中的主导作用，建立统一高效的政府债券市场	●增强财政部的主导作用 ●加强国债市场建设 ●完善地方政府债券管理制度	●确保国债有规律、可预测地供给 ●积极创设国债新品种 ●推动国债二级市场交易机制完善 ●出台统一的国债二级市场管理规则 ●国债承销做市联动考核 ●推动做市支持、随买随卖灵活应用 ●发展国债相关衍生品类风险管理工具 ●建立集中统一的国债登记托管制度 ●强化国债市场的联合监测与分析 ●形成国债融资顾问委员会机制 ●规范地方政府债券发行机制 ●建立地方政府债券风险管控机制
七、财政部与中国人民银行协同健全国债收益率曲线，共同推动曲线深入应用	●加强在市场化定价中应用 ●加强在中央银行货币政策中应用 ●加强在货币政策分析与制定中应用	●建立联合的国债收益率曲线应用评估小组 ●推动在市场化定价中广泛参考国债收益率基准 ●推动在商业银行内部资金转移定价、存贷款定价中应用 ●中国人民银行逐步在公开市场适时重启国债买卖的日常操作 ●建立以国债收益率曲线为政策中介目标的货币政策框架
八、特殊时期进一步加强以国债为基础的金融市场流动性机制安排	●以国债为基础维护货币市场流动性 ●以国债为基础维护金融市场稳定	●强化以国债为基础的流动性机制安排 ●加强回购市场担保品机制建设 ●加强特殊时期国债发行供给与协调安排 ●发行特别国债，成立国家金融稳定保障基金
九、在更高层面确立财政政策与货币政策的协调机制，系统性推进两大政策协调配合	●搭建一个公平、开放的平台以推进政策协调配合	●在中央财经委员会或者是国务院层面设立政策协调工作组（或委员会） ●合理设置人员 ●采用定期听证汇报会、季度例会、不定期研讨形式 ●形成兼容并包的建议听取机制
十、保持畅通的信息交流，以实现两大政策的主动配合	●建立通畅的信息交流机制	●以正式或非正式方式保持及时密切沟通 ●两部门官员之间的交叉任职

后　记

近年来，我在开展美元流动性市场跟踪研究时发现，美国国债已经成为当前美元循环的基石。早先的认识中，只知道美国国债是美元的发行基础，不曾想次贷危机之后，整个美元流动性体系竟已演变成了一个围绕国债进行循环的系统。这不禁引发了我的再次思考，信用本位下货币的本质究竟是什么，如何看待国家信用中的财政与货币。恰巧2022年接到中央国债登记结算有限责任公司（以下简称中央结算）的一个课题邀请，希望我们研究一下财政政策与货币政策协调配合的问题，尤其是从国债和国债收益率曲线的视角来看待政策配合。我欣然接受了邀请，并顺利完成了课题。结项后，深感这是一个常做常新的研究选题。财政政策与货币政策的配合，不仅贯穿宏观经济学的始终，同时也是金融研究的核心问题之一。这其中，国债正是一个上达宏观经济稳定，下至金融产品定价的关键点。这里，将之前的初步成果结集成书，也算为接下来的持续研究起一个头。

研究的过程中，得到各方的支持和帮助，在此深表感谢。

首先要感谢的是我的老师李扬教授。2023年是我跟随老师学习和工作的第二十一个年头。回首这二十年，感觉自己人生的际遇充满了幸运。二十年前，"非典"疫情刚结束，我投师于老师门下。那年，由老师一手创办的中国社会科学院金融研究所正式挂牌运行，整个研究所的学风和气派让我耳目一新。在老师的指导下，我的博士论文专攻美国货币政策，当年的学术训练令我终身受益。毕业后，我留在金融研究所工作，得以继续跟随老师不断学习。2015年，老师领衔的国家金融与发展实验室被中央深改组列为首批国家高端智库，随后，老师带领我们在这一平台上持续开展了更多的对策研究。读书时就听老师反复强调，财政与货币问题是无法分家的，这一观点直到我工作近二十年才算真正领会。老师从大学到博士先后研习经济学、货币银行学和财政学三个专业，又分别师从滕茂桐、陈观烈、王传伦等学贯中西的大家，多年的理论与对策研究，早已打通"财""金"二脉。本书的很多观点都是得到了老师的指导和启发，当然，不足之处还得归咎于我自己学艺不精。诚如老师所言，财政与货币配合这个选题，年年做，年年新。未来，我还将在老师的指导下继续拓展与深入相关研究，用更多的努力来回馈我人生的这份幸运。

同时，感谢中央结算长期以来对我的支持和帮助，作为我国最为关键的金融基础设施之一，每次与中央结算的交流与合作都让我受益匪浅。尤其感谢中央结算副总经理刘凡先生、中央结算总监敖一凡先生、中债估值总经理牛玉锐先生、中债估值总监马致远先生、中债估值的张超博士和李鸿禧博士，他们在整个研究过程中给予了我很大的帮助，给我提供了大量翔实的资料，并数次与我深入讨论。大家都本着求真务实的态度来探讨这一事关全局的重大机制安排。

另外，我还要感谢我的研究团队所给予的支持和帮助。李晓花博士数学专业出身，长年研究收益率曲线问题，为本次研究提供了重要的资料和支持。孙征、荆瑞、焦庆汇三位研究助理也为本次研究收集了大量的资料。收益率曲线是我们团队的核心研究内容之一，在财政政策与货币政策结合的框架下研究收益率曲线，一定能够让我们的研究走得更深、更远。

在本次研究的开题、中期评审和结项评审过程中，来自财政、金融、科研机构和高校的专家们也给我们提出了许多十分宝贵的意见，让我在很多问题上茅塞顿开，相关意见均已吸收采纳。但囿于研究的阶段性目标要求，一些值得深入探讨的问题，我只能留待于未来的研究中去探索。

本书的出版过程中，得到了经济管理出版社的大力支持。他们的高效与专业让本书在较短的时间内得以顺利出版。

Last But Not Least，我要感谢我的妻子羽菡，感谢你在辛苦照顾小豆芽的同时，还帮助我完成全稿的审校工作。家人自始至终都是我不断前进的动力。

2023 年 3 月于北京

图书在版编目（CIP）数据

财政政策和货币政策协调配合：基于国债管理及国债收益率曲线建设的视角/胡志浩著.—北京：经济管理出版社，2023.5

ISBN 978-7-5096-9043-7

Ⅰ.①财… Ⅱ.①胡… Ⅲ.①财政政策—研究—中国 ②货币政策—研究—中国 Ⅳ.①F812.0 ②F822.0

中国国家版本馆 CIP 数据核字（2023）第 091697 号

组稿编辑：宋　娜
责任编辑：宋　娜
责任印制：黄章平
责任校对：陈　颖

出版发行：经济管理出版社
　　　　　（北京市海淀区北蜂窝 8 号中雅大厦 A 座 11 层　100038）
网　　　址：www.E-mp.com.cn
电　　　话：（010）51915602
印　　　刷：北京晨旭印刷厂
经　　　销：新华书店
开　　　本：720mm×1000mm/16
印　　　张：14.5
字　　　数：188 千字
版　　　次：2023 年 5 月第 1 版　　2023 年 5 月第 1 次印刷
书　　　号：ISBN 978-7-5096-9043-7
定　　　价：98.00 元